Die Erfindung
des Mannes mit der eisernen Maske

Kerker, Verschmähung und Folter

Eine Betrachtung

von

Lutz Spilker

DIE ERFINDUNG DES MANNES MIT DER EISERNEN MASKE
KERKER, VERSCHMÄHUNG UND FOLTER

Bibliografische Information der Deutschen Nationalbibliothek:
Die Deutsche Nationalbibliothek verzeichnet diese Publikation in der Deutschen Nationalbibliografie; detaillierte bibliografische Daten sind im Internet über http://dnb.dnb.de abrufbar.

Softcover ISBN: 978-3-384-44386-1
Ebook ISBN: 978-3-384-44387-8

© 2024 by Lutz Spilker
https://www.webbstar.de
Druck und Distribution im Auftrag des Autors:
tredition GmbH, An der Strusbek 10, 22926 Ahrensburg, Germany

Die im Buch verwendeten Grafiken entsprechen den
Nutzungsbestimmungen der Creative-Commons-Lizenzen (CC).

Inhalt

Der Mann mit der eisernen Maske

berühmter französischer Staatsgefangener des 17. Jahrhunderts
unbekannter Identität

Der Mann mit der eisernen Maske (oft nur Die Eiserne Maske, † 19. November 1703 in Paris) war von 1669 bis zu seinem Tod 1703 ein Staatsgefangener von Ludwig XIV. in Frankreich. Über seine Identität wird bis heute spekuliert.

Vorwort

Die Geschichte ist oft ein Spiel mit Schatten. Die Geheimnisse, die sie uns hinterlässt, sind nicht immer Monumente der Wahrheit, sondern Konstrukte, die von der Zeit, den Akteuren und denjenigen, die sie später aufgreifen, geformt werden.

Die Erzählung vom ›Mann mit der eisernen Maske‹ ist ein solches Konstrukt, ein Mythos, der sich über Jahrhunderte hinweg in die kulturelle und literarische Vorstellungskraft eingebrannt hat. Es ist eine Geschichte, die gleichermaßen von Macht, Intrige und menschlicher Tragödie handelt und dabei doch vor allem eines tut: sie spiegelt die Dynamiken von Wahrnehmung, Propaganda und Legendenbildung wider.

Die Vorstellung eines Mannes, gefangen hinter einer eisernen Maske, beraubt seines Gesichts, seines Namens und seiner Identität, hat Menschen seit dem späten 17. Jahrhundert fasziniert und beunruhigt. Der Gefangene, von dem die französischen Archive nur nüchtern als ›Eustache Dauger‹ sprechen, wurde durch literarische und historische Interpretationen zu einer Symbolfigur für die Willkür des Absolutismus. Voltaire, der unermüdliche Kritiker der französischen Monarchie, war der erste, der diesen Mythos in seinem Werk ›Le Siècle de Louis XIV‹ aufgriff und ihn bewusst dramatisierte. In seiner Version trug der geheimnisvolle Gefangene eine eiserne Maske – ein Detail, das sich, wie Voltaire später selbst einräumte, eher aus dichterischer Freiheit speiste, als aus historischer Genauigkeit. Tatsächlich war die Maske wohl aus weichem Samt gefertigt, doch die Symbolkraft des Eisens erwies sich als weitaus mächtiger.

Dieses Buch hat sich zum Ziel gesetzt, das Geflecht aus Wahrheit und Fiktion zu entwirren. Es will der Frage nachgehen, wer der Mann hinter der Maske tatsächlich war, warum er inhaftiert wurde und wie es dazu kam, dass sein Schicksal zu einem derart faszinierenden Mythos wurde. Doch es will auch etwas Größeres leisten: Es will die Mechanismen untersuchen, die aus einer historischen Episode ein kulturelles Phänomen machen.

Wir befinden uns in Frankreich, am Hof von Louis XIV, dem ›Sonnenkönig‹. Es ist eine Zeit, in der die absolute Macht des Monarchen Gesetz und Recht überstrahlt. Hier, in der strengen Ordnung des Ancien Régime, ist jeder Schatten, jede Abweichung vom Bild der Allmacht eine Bedrohung. Die Geschichte des Mannes mit der eisernen Maske ist eng mit diesem politischen und gesellschaftlichen Kontext verknüpft. Sie wirft ein Licht auf die paranoiden Züge eines Staates, der selbst kleinste Risse im Gefüge seiner Ordnung mit äußerster Härte verfolgt.

Gleichzeitig ist sie ein Lehrstück darüber, wie Geschichten entstehen, wachsen und überdauern. Voltaires Darstellung, später aufgegriffen und ausgeschmückt von Autoren wie Alexandre Dumas, hat aus einem anonymen Gefangenen eine Figur gemacht, die tief in die kollektive Fantasie eingegangen ist.

Warum faszinieren uns solche Geschichten? Was sagen sie über die Gesellschaften aus, die sie erzählen – und über uns selbst?

Dieses Buch ist keine bloße Historie und auch keine reine Literaturkritik. Es ist vielmehr eine Erkundung der Schnittstellen, an denen Geschichte und Erzählung, Wahrheit und Mythos aufeinandertreffen. Es beleuchtet die politischen und sozialen Kräfte, die die Ereignisse formten, und es zeigt, wie diese durch die Feder der Schriftsteller in die Ewigkeit überführt wurden.

Am Ende bleibt die Frage: Kann die Wahrheit jemals vollständig rekonstruiert werden? Oder liegt ihre Kraft gerade in der Ungewissheit, die den Mythos lebendig hält? Diese Seiten sind eine Einladung, sich mit diesen Fragen auseinanderzusetzen – und dabei die Geschichte des ›Mannes mit der eisernen Maske‹ in all ihren Facetten neu zu entdecken.

Mit diesen Gedanken lade ich Sie ein, in ein Rätsel der Geschichte einzutauchen, das uns weit mehr über unsere eigenen Vorstellungen von Macht, Identität und Gerechtigkeit verrät, als es auf den ersten Blick scheint.

Die politische Landschaft Frankreichs
im 17. Jahrhundert

Überblick über die Herrschaft von Louis XIV, den Absolutismus und die Strukturen der französischen Monarchie

Im Frankreich des 17. Jahrhunderts erlebte die Monarchie ihre größte Blüte und zugleich die umfassendste Zentralisierung von Macht, die das Land bis dahin gekannt hatte. Diese Entwicklung war untrennbar mit der Herrschaft von Louis XIV, dem ›Sonnenkönig‹, verbunden. Louis regierte von 1643 bis 1715 und prägte die Epoche wie kaum ein anderer Monarch. Sein Name wurde zum Inbegriff des Absolutismus, einer Herrschaftsform, die auf der unteilbaren und uneingeschränkten Autorität des Königs gründete.

Der junge König und der Schatten der Fronde

Als Louis XIV den Thron bestieg, war er gerade einmal fünf Jahre alt. Die eigentliche Macht lag zunächst bei seiner Mutter, Anna von Österreich, und ihrem ersten Minister, Kardinal Mazarin. Diese Zeit der Vormundschaft war alles andere als stabil. Frankreich wurde durch die Fronde erschüttert, eine Serie von Aufständen, die von unzufriedenen Adligen und Parlamentariern angeführt wurden. Diese Rebellionen hatten ihre Wurzeln in der wachsenden Macht des zentralisierten Staates, die viele als Bedrohung für ihre traditionellen Privilegien empfanden.

Die Fronde hinterließ einen tiefen Eindruck auf den jungen Louis XIV. Er erlebte die Unsicherheit und Erniedrigung eines Monarchen, der von seinen eigenen Untertanen herausgefordert wurde. Diese Erfahrungen formten seine Herrschaftsphilosophie: Nie wieder sollte die Macht des Königs infrage gestellt werden. Dieses Ziel, die absolute Kontrolle über den Staat zu sichern, wurde zum Leitmotiv seiner Regierung.

Der Absolutismus:

Louis XIV und die Verkörperung des Staates

Mit dem Tod Mazarins 1661 übernahm Louis XIV die Regierungsgeschäfte persönlich. Er verzichtete auf die Ernennung eines neuen ersten Ministers – ein klares Signal, dass der König selbst die einzige Quelle der Macht im Staat sein wollte. Sein berühmtes Motto ›L'État, c'est moi‹ – ›Der Staat bin ich‹ – drückte nicht nur seinen Anspruch auf absolute Herrschaft aus, sondern definierte auch die Grundprinzipien des Absolutismus.

In der Praxis bedeutete diese Regierungsform, dass alle staatlichen Entscheidungen letztlich beim König zusammenliefen. Louis XIV umgab sich mit einem Kreis von loyalen Beratern, die ihm dienten, jedoch keine eigene politische Agenda verfolgten. Die Verwaltung wurde zentralisiert, die Macht der Provinzen geschwächt und die Adelsfamilien, die zuvor weitreichende Autonomie genossen hatten, in die höfische Hierarchie integriert.

Versailles:

Das Symbol des Absolutismus

Nirgendwo wurde die Macht des Königs so deutlich zur Schau gestellt wie in Versailles, dem prächtigen Palast, den Louis XIV zur Residenz der Monarchie machte. Versailles war mehr als nur ein architektonisches Meisterwerk; es war ein politisches Instrument. Der Hofstaat zog die wichtigsten Adligen Frankreichs an und machte sie zu unmittelbaren Zeugen der königlichen Macht.

Durch das Hofleben band der König den Adel an sich und entzog ihnen gleichzeitig die Möglichkeit, ihre Macht in den Provinzen zu festigen. Die Anwesenheit am Hof war mit hohen Kosten verbunden, was viele Adlige finanziell von der Gunst des Königs abhängig machte. Zugleich stellte Versailles die königliche Herrschaft in den Mittelpunkt des gesellschaftlichen Lebens – ein Symbol für die uneingeschränkte Kontrolle des Staates durch den Monarchen.

Die Strukturen der Monarchie

Die Verwaltung des französischen Königreichs war in eine hierarchische Ordnung eingebettet, die den König als oberste Instanz sah. Unter ihm standen verschiedene Ministerien, die für spezifische Bereiche wie Finanzen, Krieg und Außenpolitik verantwortlich waren. Louis XIV wählte seine Minister sorgfältig aus und bevorzugte Männer bürgerlicher Herkunft wie Jean-

Baptiste Colbert, dessen Reformen die wirtschaftliche Basis des Absolutismus stärkten.

Auf lokaler Ebene wurde die königliche Autorität durch Intendanten repräsentiert, Beamte, die direkt dem König unterstanden. Sie überwachten die Steuererhebung, die Durchsetzung von Gesetzen und die militärische Organisation. Diese Struktur untergrub die Macht der traditionellen lokalen Herrscher und stärkte die Zentralisierung des Staates.

Krieg, Religion und Kontrolle

Ein wesentlicher Bestandteil von Louis' Herrschaft war die Führung von Kriegen. Frankreich unter Louis XIV wurde zur dominierenden Militärmacht Europas, was jedoch hohe Kosten mit sich brachte. Die ständige Kriegsführung belastete die Finanzen des Königreichs und verschärfte die sozialen Spannungen.

Auch in religiöser Hinsicht strebte Louis XIV nach Kontrolle. Der Widerruf des Edikts von Nantes 1685, der die Rechte der protestantischen Hugenotten beschnitt, war Ausdruck seines Anspruchs, religiöse Einheit im Königreich durchzusetzen. Diese Maßnahme führte jedoch zu einer massenhaften Emigration von Hugenotten, was wirtschaftliche und kulturelle Verluste zur Folge hatte.

Das Vermächtnis des Sonnenkönigs

Louis XIV hinterließ ein Frankreich, das in seiner zentralen Autorität gestärkt, aber zugleich von sozialen und finanziellen Problemen zerrissen war. Sein Absolutismus prägte die politische Kultur Europas und diente späteren Monarchen als Vorbild. Doch er legte auch den Grundstein für die Kritik an der uneingeschränkten Macht des Königs, die schließlich zur Französischen Revolution führte.

Die politische Landschaft Frankreichs im 17. Jahrhundert war durch Louis XIV unwiderruflich verändert worden. Seine Herrschaft markiert den Höhepunkt des Absolutismus, aber auch den Beginn seiner schleichenden Erosion – eine Epoche, die wie keine andere die Spannungen zwischen Macht, Kontrolle und den Kräften der Veränderung offenbart.

Das Gefängnissystem unter Louis XIV

Funktion und Bedeutung der Bastille und anderer Gefängnisse im Kontext der königlichen Macht

Im Frankreich des 17. Jahrhunderts war das Gefängnissystem kein bloßes Instrument der Rechtsprechung, sondern ein zentraler Bestandteil der königlichen Machtstruktur. Besonders die Bastille, das markanteste Symbol der französischen Strafanstalten, war weit mehr als nur ein Ort, an dem Straftäter eingesperrt wurden. Sie verkörperte die unantastbare Autorität des Königs und war ein Werkzeug, mit dem er seine Herrschaft manifestierte und seinen Willen durchsetzte.

Die Bastille:

Festung und Machtinstrument

Die Bastille, ursprünglich eine mittelalterliche Festung, erhob sich im Osten von Paris und bewachte die Zugänge zur Stadt. Unter Louis XIV wandelte sie sich von einem Verteidigungsbollwerk zu einem Gefängnis, das die Abgründe des Absolutismus widerspiegelte. Sie war kein gewöhnliches Zuchthaus, sondern ein Ort für jene, die der Monarch als Gefahr für seine Macht betrachtete.

Gefangene wurden oft nicht wegen gewöhnlicher Verbrechen in die Bastille gebracht, sondern weil sie sich durch politische oder religiöse Aktivitäten dem königlichen Willen widersetzten.

Adlige, Schriftsteller, Protestanten oder einfache Bürger – jeder konnte unter der Autorität des sogenannten *lettre de cachet*, einer geheimen königlichen Verfügung, in die Bastille gebracht werden. Diese Dokumente, die keiner rechtlichen Überprüfung unterlagen, ermöglichten es dem König, Personen ohne Gerichtsverfahren auf unbestimmte Zeit einzusperren.

Die Bastille wurde damit zum Symbol für die uneingeschränkte Macht des Sonnenkönigs. Ihre hohe, unzugängliche Architektur unterstrich diese Bedeutung: Sie sollte nicht nur Gefangene festhalten, sondern auch jedem, der sie betrachtete, die Stärke und Allgegenwart der Monarchie verdeutlichen.

Andere Gefängnisse im Dienste der Krone

Die Bastille war zwar das bekannteste, aber bei weitem nicht das einzige Gefängnis, das Louis XIV zur Durchsetzung seiner Herrschaft nutzte. In ganz Frankreich gab es Festungen, Klöster und private Haftanstalten, die für ähnliche Zwecke eingesetzt wurden. Eines der bedeutendsten unter diesen war das Château d'If, eine Insel-Festung vor der Küste von Marseille, das später durch Alexandre Dumas' Roman Der Graf von Monte Christo berühmt wurde.

Diese Haftorte hatten oft eine doppelte Funktion: Einerseits isolierten sie die Insassen, andererseits sorgten sie dafür, dass das Gerücht über ihre Existenz Angst und Respekt verbreitete. Die Festungen dienten dabei nicht nur als Gefängnisse, sondern auch als Machtdemonstration. Sie erinnerten daran, dass kein Winkel des Landes außerhalb des Einflussbereichs des Königs lag.

Klöster spielten eine besondere Rolle, vor allem für weibliche Gefangene. Nonnenklöster, die unter strengen Regeln standen, wurden oft zur Haft für Adlige oder Frauen genutzt, die durch ›unsittliches Verhalten‹ auffielen. Hier wurde eine Verbindung aus religiöser Disziplin und politischer Kontrolle wirksam, die dem König einen moralischen Vorwand für seine Eingriffe bot.

Das Leben hinter den Mauern

Das Leben in den königlichen Gefängnissen variierte stark und hing vom sozialen Status der Gefangenen sowie vom Grund ihrer Inhaftierung ab. Adlige Gefangene oder solche, die mit sensiblen Geheimnissen in Verbindung standen, wurden oft besser behandelt als gewöhnliche Kriminelle. Sie hatten manchmal sogar Zugang zu Büchern, besserer Nahrung und Schreibmaterialien. Der Zweck war nicht nur, sie zu isolieren, sondern auch sicherzustellen, dass sie nicht in den Tod trieben – ein scharfer Kontrast zur harschen Behandlung einfacher Gefangener, die oft in dunklen, feuchten und überfüllten Zellen untergebracht waren.

Die Bastille war bekannt für ihre relativen Annehmlichkeiten für hochrangige Insassen. Manche Gefangene lebten hier fast wie in einem Exil in Luxus, aber immer unter strenger Bewachung. Andere hingegen, vor allem anonyme Gefangene wie der legendäre ›Mann mit der eisernen Maske‹, verbrachten Jahre in völliger Isolation.

Symbolik und Botschaft

Die Gefängnisse unter Louis XIV hatten eine klare Funktion: Sie dienten der Kontrolle und Einschüchterung. Sie waren ein sichtbares Zeichen dafür, dass der König über Leben und Freiheit seiner Untertanen entschied. Die Allmacht des Königs manifestierte sich nicht nur in den prunkvollen Sälen von Versailles, sondern ebenso in den dunklen Verliesen seiner Gefängnisse.

Die Bastille war dabei ein besonders starkes Symbol für die Unterdrückung und Kontrolle durch den Absolutismus. Schon zu Lebzeiten Louis XIV galt sie als ein Ort des Schreckens, der oft mit Ungerechtigkeit und Willkür assoziiert wurde. Später, während der Französischen Revolution, wurde die Bastille zu einem Symbol des Widerstands gegen diese Tyrannei. Ihr Sturm im Jahr 1789 markierte das Ende einer Ära und die Ablehnung der monarchischen Willkürherrschaft.

Das Gefängnissystem unter Louis XIV war ein Spiegelbild des Absolutismus selbst: zentralisiert, allgegenwärtig und unnachgiebig. Orte wie die Bastille repräsentierten nicht nur die physische Kontrolle über die Bevölkerung, sondern auch die psychologische Macht des Königs, der jederzeit zuschlagen konnte, ohne sich vor Rechenschaft zu fürchten.

Im Kontext des Mannes mit der eisernen Maske bot die Bastille eine perfekte Bühne für die Legendenbildung. Ihre schaurige Berühmtheit machte sie zu einem idealen Ort für Geschichten über Intrigen, Geheimnisse und verschleierte Wahrheiten. Hier verschmolzen Realität und Mythos, Geschichte und Erzählung zu einem Bild, das bis heute die Faszination für diese Epoche nährt.

Eustache Dauger:
Der Mann hinter den Aufzeichnungen

Vorstellung der historischen Figur Eustache Dauger, basierend auf Archivmaterialien und Primärquellen

Die Geschichte des Mannes mit der eisernen Maske ist untrennbar mit dem Namen Eustache Dauger verbunden. Doch während die Legenden ihn als geheimnisvollen Gefangenen verklären, der hinter einer Maske aus Eisen verborgen gehalten wurde, zeichnet das erhaltene Archivmaterial ein Bild, das weitaus komplexer und zugleich unspektakulärer erscheint. Wer war dieser Mann, dessen Schicksal eine der größten historischen Mythen Frankreichs inspirierte?

Ein Schatten in den Aufzeichnungen

Eustache Dauger taucht in den historischen Quellen zum ersten Mal im Jahr 1669 auf, als Ludwig XIV. den Befehl gab, ihn inhaftieren zu lassen. Die Anweisung war ungewöhnlich und präzise: Er sollte unter strengster Geheimhaltung festgehalten werden, ohne jeglichen Kontakt zur Außenwelt. Die Kommunikation über Dauger war so verschlüsselt, dass viele Historiker Jahrhunderte später immer noch um seine wahre Identität rätseln.

Primärquellen, darunter Briefe und Berichte aus dem Umfeld des Sonnenkönigs, erwähnen Dauger nur selten und immer in einem Ton, der Geheimhaltung suggeriert. Ein Schreiben des Marquis de Louvois, dem Kriegsminister und engen Vertrauten von Louis XIV., an Bénigne Dauvergne de Saint-Mars, den Gouverneur mehrerer Gefängnisse, ordnet an, Dauger niemals mit anderen Gefangenen sprechen zu lassen und ihn in strikter Isolation zu halten.

Wer war Eustache Dauger?

Über die Herkunft und das Leben von Eustache Dauger vor seiner Inhaftierung gibt es widersprüchliche Berichte. Einige Quellen deuten darauf hin, dass er aus einer Adelsfamilie stammte, deren Name in Ungnade gefallen war. Andere legen nahe, dass er ein einfacher Diener war, der durch seine Verbindung zu mächtigen Persönlichkeiten ins Visier der Krone geraten war.

Ein weit verbreiteter Hinweis in den Archiven deutet darauf hin, dass Dauger als Haushofmeister oder Verwalter für hochrangige Adlige tätig war. In dieser Position könnte er in den Besitz von Informationen gelangt sein, die Louis XIV. als potenziell gefährlich betrachtete. Ob es sich um staatskritische Briefe, persönliche Geheimnisse des Königs oder die Finanzen der mächtigen Minister Mazarin und Colbert handelte, bleibt Spekulation.

Die Haft und ihre Bedingungen

Dauger wurde zunächst im Gefängnis von Pignerol inhaftiert, das unter der Verwaltung von Saint-Mars stand. Pignerol war kein gewöhnliches Gefängnis; es diente vor allem dazu, politisch brisante Gefangene unter strengster Bewachung zu isolieren. Hier saßen unter anderem hochrangige Persönlichkeiten wie Nicolas Fouquet, der ehemalige Finanzminister, dessen spektakulärer Sturz Dauger möglicherweise beeinflusst haben könnte.

Daugers Haftbedingungen waren ungewöhnlich hart. Zeitgenössische Berichte belegen, dass er nicht nur isoliert wurde, sondern auch, dass ihm verboten war, seinen Namen preiszugeben oder irgendeine Form von Kontakt zur Außenwelt zu haben. Selbst die Wächter, die ihn bewachten, erhielten klare Anweisungen, niemals mit ihm zu sprechen.

Später wurde Dauger in andere Gefängnisse verlegt, darunter Exilles und Sainte-Marguerite. Schließlich landete er in der Bastille, wo er bis zu seinem Tod 1703 verblieb. Die strikte Geheimhaltung seiner Identität und seines Aufenthaltsortes nährte die Gerüchte um ihn und trug wesentlich zur Legendenbildung bei.

Was verraten die Primärquellen?

Die wenigen erhaltenen Dokumente über Dauger sind fragmentarisch und schwer zu interpretieren. Briefe von Louvois an Saint-Mars beschreiben ihn als einen Gefangenen von ›besonderer Wichtigkeit«, ohne jedoch den Grund für diese Bedeutung zu nennen. Einige Historiker vermuten, dass die vaguen Formulierungen bewusst gewählt wurden, um den wahren Grund für Daugers Inhaftierung zu verschleiern.

Eine der auffälligsten Quellen ist ein Brief aus dem Jahr 1679, in dem Louvois Saint-Mars anweist, Dauger weiterhin unter strenger Bewachung zu halten und sicherzustellen, dass er niemals entkommt. Der Ton dieser Anweisung lässt darauf schließen, dass Dauger ein Geheimnis kannte, das nicht an die Öffentlichkeit gelangen durfte.

Mythos und Realität

Obwohl die Quellenlage spärlich ist, bietet die historische Figur Eustache Dauger ein faszinierendes Fenster in die Mechanismen der Macht unter Louis XIV. Sein Schicksal spiegelt nicht nur die Brutalität und Willkür des Absolutismus wider, sondern auch die Bedeutung von Geheimnissen und Intrigen im Machtgefüge der Zeit.

Dauger mag ein einfacher Verwalter oder Diener gewesen sein, aber seine Bedeutung lag in dem Wissen, das er besaß. Sein Leben und seine Isolation waren weniger das Resultat seiner eigenen Handlungen als vielmehr Ausdruck eines Systems, das darauf beruhte, potenzielle Gefahren für die Monarchie zu eliminieren, bevor sie überhaupt entstehen konnten.

Die historische Figur Eustache Dauger bleibt ein Rätsel. Doch gerade diese Lücken und Unklarheiten machen ihn zum idealen Ausgangspunkt für eine Legende, die bis heute die Vorstellungskraft beflügelt. In den Aufzeichnungen erscheint er wie ein Schatten, ein Mann, dessen Leben von Geheimnissen durchdrungen war – eine perfekte Grundlage für die Erfindung des Mannes mit der eisernen Maske.

Die geheimnisvolle Inhaftierung

Analyse der Gründe und Umstände, die zur Gefangennahme von Eustache Dauger führten

Die Geschichte von Eustache Dauger ist wie ein dunkler Schleier, durch den nur wenige Lichtstrahlen dringen. Seine Inhaftierung und die Umstände, die dazu führten, sind in ein dichtes Netz aus Andeutungen, Geheimnissen und strategischer Verschleierung gehüllt. Warum wurde ein Mann, der in den offiziellen Berichten kaum erwähnt wird, unter Bedingungen festgehalten, die so außergewöhnlich waren, dass sie bis heute Gegenstand intensiver Spekulationen bleiben?

Eine fragwürdige Vergangenheit

Eustache Dauger taucht in den historischen Aufzeichnungen ohne Vorwarnung auf, als wäre er aus dem Nichts in den Fokus der königlichen Justiz geraten. Es gibt Hinweise, dass Dauger vor seiner Gefangenschaft eine Verbindung zur französischen Elite hatte – sei es als Haushofmeister oder als Diener einer Adelsfamilie. Seine Rolle scheint dabei weit mehr als nur die eines unbedeutenden Bediensteten gewesen zu sein, denn er geriet offenbar in den Besitz von Informationen, die ihn zur Bedrohung machten.

Einige Historiker vermuten, dass Dauger in kriminelle oder subversive Aktivitäten verwickelt war, die den Interessen des Königs zuwiderliefen. Es gibt Spekulationen, dass er Teil eines

Netzwerks war, das geheime Intrigen gegen die Krone plante. Andere legen nahe, dass er in den Finanzskandal rund um den gestürzten Finanzminister Nicolas Fouquet verwickelt war, dessen Vermögen und Geheimnisse noch lange nach seinem Fall für Louis XIV. von Bedeutung blieben.

Die Rolle des *lettre de cachet*

Das Instrument, das Daugers Inhaftierung ermöglichte, war das berüchtigte lettre de cachet. Diese geheimen Briefe, die direkt vom König oder seinen Ministern ausgestellt wurden, erlaubten es, eine Person ohne Gerichtsverfahren zu verhaften und auf unbestimmte Zeit einzusperren.

Das Fehlen eines formellen Prozesses bedeutete, dass die Gründe für Daugers Verhaftung niemals öffentlich gemacht wurden. Es erlaubte dem König, sein Schicksal im Verborgenen zu lenken. Diese Praxis war typisch für den Absolutismus und unterstrich die uneingeschränkte Macht des Monarchen. Für Dauger bedeutete dies jedoch, dass er ohne Chance auf Verteidigung oder Aufklärung in die Vergessenheit verbannt wurde.

Der politische Kontext

Die Zeit der Inhaftierung Daugers fiel in eine Ära politischer Unsicherheit und Intrigen. Louis XIV. hatte seinen Absolutismus noch nicht vollständig etabliert und war ständig darauf bedacht, potenzielle Bedrohungen zu neutralisieren. Die Fronde, ein Bürgerkrieg in der Mitte des Jahrhunderts, hatte die

Monarchie beinahe zu Fall gebracht, und Louis XIV. war entschlossen, niemals wieder eine derartige Schwäche zu zeigen.

Es ist denkbar, dass Dauger, ob durch Zufall oder Absicht, in diese Machtkämpfe verwickelt wurde. Vielleicht war er Zeuge eines Verrats, wusste von einem politischen Skandal oder hatte Zugang zu brisanten Informationen, die den König in Schwierigkeiten bringen konnten. Der König selbst mag ihn nicht als direkten Feind betrachtet haben, aber als ein Risiko, das aus dem Verkehr gezogen werden musste, um die Stabilität der Monarchie zu sichern.

Ein potenzieller Mitwisser

Eine der plausibelsten Theorien über Dauger ist, dass er ein Mitwisser war – ein Mann, der etwas wusste, das er nicht wissen sollte. Diese Vorstellung erklärt die strengen Bedingungen seiner Haft, die beispiellose Geheimhaltung und die Bemühungen, seine Identität zu verschleiern.

Ein oft diskutiertes Szenario ist, dass Dauger Informationen über die unehelichen Kinder oder geheimen Beziehungen von hochrangigen Persönlichkeiten am Hofe hatte. Louis XIV. war berüchtigt für seine Affären, und die Aufrechterhaltung eines moralisch einwandfreien Bildes war entscheidend für seine politische Macht. Ein Mann, der möglicherweise Beweise für solche Affären besaß, war eine Gefahr für das sorgfältig aufgebaute Image des Sonnenkönigs.

Der Befehl zur Isolation

Die Anweisungen, die Daugers Haft begleiteten, waren von einer außergewöhnlichen Strenge. Er durfte mit niemandem sprechen, weder mit den Wachen noch mit anderen Gefangenen. Alles, was er sagte, schrieb oder andeutete, wurde genau überwacht.

Diese extreme Vorsicht lässt darauf schließen, dass es nicht nur um Dauger selbst ging, sondern um das Wissen, das er mit sich trug. Der König und seine Minister konnten es sich nicht leisten, dass auch nur das geringste Detail an die Öffentlichkeit gelangte. Die Angst vor Enthüllungen, vor allem im politischen Klima jener Zeit, war größer als die Sorge um die Gerechtigkeit für einen einzelnen Mann.

Die Bedeutung der Umstände

Die Umstände von Daugers Inhaftierung spiegeln die Mechanismen und Paranoia des absoluten Staates wider. Louis XIV. sah sich als alleinige Quelle von Recht und Ordnung, und seine Handlungen waren oft von der Überzeugung geprägt, dass das Wohl der Monarchie über allem stand. Dauger war nicht nur ein Gefangener, sondern ein Symbol für die Macht und die Ängste des Sonnenkönigs.

Die Geheimhaltung um seine Person zeigt, wie wichtig es war, nicht nur tatsächliche Bedrohungen zu beseitigen, sondern auch das öffentliche Bewusstsein zu kontrollieren. Louis XIV. verstand, dass Macht nicht nur durch militärische Stärke oder wirtschaftlichen Reichtum ausgeübt wird, sondern auch durch die Kontrolle der Narrative.

Die Gründe für die Gefangennahme von Eustache Dauger bleiben ein Rätsel, das sich nur durch fragmentarische Quellen und logische Schlussfolgerungen erahnen lässt. Ob er ein Mitwisser eines großen Skandals war oder lediglich zur falschen Zeit am falschen Ort in Ungnade fiel, ist letztlich zweitrangig. Seine Inhaftierung war ein Akt des staatlichen Kalküls, der die Mechanismen des Absolutismus aufzeigt: ein System, das Geheimnisse nicht nur bewahrt, sondern sie zu Werkzeugen der Macht macht.

Daugers Geschichte ist daher nicht nur die eines einzelnen Mannes, sondern auch die eines Regimes, das bereit war, Individuen zu opfern, um seine eigene Stabilität zu wahren. Es ist diese Spannung zwischen persönlichem Schicksal und politischer Strategie, die seine Geschichte so faszinierend und zugleich so tragisch macht.

Die Maskenfrage: Samt oder Eisen?

Eine Untersuchung der physischen Details der Maske und ihrer späteren symbolischen Überhöhung

Kaum ein Element der Geschichte des Mannes mit der eisernen Maske ist so ikonisch wie die Maske selbst. Sie ist mehr als ein physisches Objekt; sie ist ein Symbol geworden, das Geheimnis, Macht und Intrigen gleichermaßen verkörpert. Doch wie viele Mythen der Geschichte, liegt auch hier ein Spannungsfeld zwischen der materiellen Realität und ihrer späteren symbolischen Überhöhung. War die Maske, die Eustache Dauger angeblich tragen musste, tatsächlich aus Eisen gefertigt, oder handelt es sich bei der ›eisernen Maske‹ lediglich um ein Produkt der historischen Imagination?

Die physische Maske:

Fakten und Vermutungen

Die ersten zeitgenössischen Berichte über einen maskierten Gefangenen stammen aus der Korrespondenz von Bénigne Dauvergne de Saint-Mars, dem Gefängnisgouverneur, der Eustache Dauger bis zu dessen Tod überwachte. In diesen Briefen gibt es jedoch keinen Hinweis darauf, dass die Maske, die Dauger angeblich tragen musste, aus Eisen bestand. Tatsächlich wird in den Quellen lediglich von einer ›Maske‹ gesprochen, ohne Angaben zu Material oder Form.

Voltaire, der maßgeblich zur Popularisierung der Legende beitrug, schrieb in seinem Werk Le Siècle de Louis XIV, dass der mysteriöse Gefangene gezwungen gewesen sei, eine eiserne Maske zu tragen. Später räumte er jedoch ein, dass die Maske eher aus schwarzem Samt bestanden haben könnte. Diese Diskrepanz wirft die Frage auf, ob die Vorstellung der eisernen Maske nicht weniger eine Beschreibung der Realität als vielmehr eine dramatische Erfindung Voltaires war, die dem Mythos zusätzliche Schwere verlieh.

Symbolik des Eisens

Eisen ist in der Geschichte und Literatur ein Material, das Härte, Unnachgiebigkeit und Gefangenschaft symbolisiert. Eine Maske aus Eisen suggeriert nicht nur Unfreiheit, sondern auch Entmenschlichung. Der Träger wird zu einem Objekt degradiert, seine Individualität ausgelöscht.

Die Vorstellung, dass der Mann mit der Maske dauerhaft durch ein solches Objekt vom Rest der Welt getrennt wurde, ist dramatisch und verstörend zugleich. Es unterstreicht die Grausamkeit des absolutistischen Staates, der die Identität eines Menschen nicht nur einschränken, sondern gänzlich auslöschen konnte.

Doch es gibt keinen Beweis dafür, dass eine solche eiserne Maske jemals existiert hat. Weder in den Aufzeichnungen von Saint-Mars noch in den späteren Inventaren der Bastille taucht ein solches Objekt auf. Es erscheint wahrscheinlicher, dass die Maske aus Stoff gefertigt war – ein praktisches Mittel, um die

Identität des Gefangenen zu verschleiern, ohne dabei den körperlichen Zustand des Trägers unnötig zu belasten.

Die Maske in der Legendenbildung

Die Transformation der samtenen Maske zur eisernen Maske ist ein Beispiel für die Macht der symbolischen Überhöhung. Bereits zu Lebzeiten von Eustache Dauger begann seine Geschichte, durch Gerüchte und Spekulationen zu wachsen. Spätestens mit Voltaires Schriften wurde die Maske zum zentralen Symbol des Mythos.

Voltaire verstand es meisterhaft, durch die geschickte Verwendung von Symbolen Aufmerksamkeit zu erzeugen. Die eiserne Maske war mehr als nur ein Detail; sie war eine Metapher für die absolute Macht und das absolute Schweigen des französischen Staates. Die Vorstellung, dass jemand gezwungen wurde, eine solche Maske zu tragen, verstärkte den Eindruck von Unmenschlichkeit und Grausamkeit.

Im Laufe der Jahrhunderte wurde diese Symbolik immer weiter verstärkt, insbesondere durch die Rezeption in Kunst, Literatur und Film. In Alexandre Dumas' Der Mann mit der eisernen Maske wurde die Maske nicht nur ein physisches, sondern auch ein moralisches Gefängnis – ein Ausdruck für den Verlust der Identität und den Verrat an der Menschlichkeit.

Eine neue Betrachtung

Moderne Historiker sehen die Maske weniger als physisches Objekt und mehr als ein symbolisches Konstrukt. Sie steht für die völlige Isolation, die Dauger auferlegt wurde, und für die strikte Geheimhaltung, die sein Schicksal umgab. Ob die Maske nun aus Samt, Eisen oder einem anderen Material gefertigt war, spielt in diesem Kontext eine untergeordnete Rolle. Entscheidend ist, dass sie zu einem Instrument der Macht wurde – ein Mittel, um den Gefangenen von der Welt zu trennen und ihn in die Dunkelheit des Vergessens zu verbannen.

Die Wahrheit hinter der Maske

Wenn wir uns die Frage stellen, ob die Maske aus Samt oder Eisen bestand, suchen wir nicht nur nach einer Antwort auf eine historische Detailfrage. Wir fragen nach der Wahrheit hinter dem Mythos, nach den Mechanismen, die Geschichten in Symbole verwandeln und diese Symbole mit Bedeutung aufladen.

Die Maske des Mannes mit der eisernen Maske ist kein simples Artefakt. Sie ist eine Projektionsfläche, auf der Macht, Grausamkeit und Geheimnis sichtbar werden. Ob aus Stoff oder Metall, sie bleibt ein Schlüssel zum Verständnis der Beziehung zwischen einem absolutistischen Herrscher und seinen Untertanen.

Am Ende ist es vielleicht nicht entscheidend, woraus die Maske bestand. Was zählt, ist, was sie repräsentiert: eine Zeit, in der Macht nicht nur durch Waffen, sondern auch durch die Kontrolle über Menschen und ihre Geschichten ausgeübt wurde. Die ›eiserne Maske‹ mag in Wirklichkeit aus Samt gewesen sein, doch in der Vorstellungskraft der Nachwelt bleibt sie aus Eisen – schwer, unnachgiebig und voller Geheimnisse.

Die Rolle von Nicolas Fouquet

Verbindungen zwischen Eustache Dauger und Fouquet, dem mächtigen Finanzminister von Louis XIV

Die Geschichte von Eustache Dauger ist untrennbar mit einer der schillerndsten und zugleich tragischsten Figuren der französischen Geschichte verbunden: Nicolas Fouquet, dem mächtigen und ehrgeizigen Finanzminister von Louis XIV. Seine Karriere, sein Fall und seine Verbindung zu Dauger werfen ein scharfes Licht auf die politischen Intrigen und den Machtkampf am Hof des Sonnenkönigs. Fouquets Rolle in der Affäre um den Mann mit der eisernen Maske bleibt ein spannendes Kapitel, das die verschlungenen Wege von Macht und Geheimnis offenbart.

Nicolas Fouquet:

Aufstieg und Fall eines Ministers

Nicolas Fouquet stieg durch Fleiß, Intelligenz und eine geschickte Förderung von Verbündeten zu einer der mächtigsten Positionen im Frankreich des 17. Jahrhunderts auf. Als *Surintendant des Finances* war er de facto Herr über die Staatskasse, ein Amt, das ihm nicht nur Einfluss, sondern auch erheblichen Reichtum verschaffte. Fouquet nutzte diesen Reichtum, um seinen Status zu untermauern, sei es durch den Bau des prachtvollen Château de Vaux-le-Vicomte oder durch großzügige Patronage für Künstler und Intellektuelle.

Doch Fouquet überschätzte seine Stellung. Sein Ehrgeiz und seine demonstrative Prachtentfaltung weckten den Zorn des jungen Louis XIV, der die Macht in Frankreich zentralisieren und sich von der Vormundschaft seiner Minister emanzipieren wollte. Fouquets Verhaftung im Jahr 1661 markierte den Beginn eines beispiellosen Schauprozesses, der nicht nur seinen Sturz, sondern auch seine lebenslange Haft zur Folge hatte.

Eustache Dauger und die Schatten des Geheimnisses

Die Verbindung zwischen Eustache Dauger und Nicolas Fouquet beginnt in den Gefängnissen, in denen beide Männer gefangen gehalten wurden. Nach seiner Verhaftung wurde Fouquet in die Festung Pignerol überführt, ein abgeschiedener Ort, an dem der König wichtige Gefangene unter strikter Kontrolle hielt. Es war auch Pignerol, in dem Eustache Dauger erstmals in den Quellen auftauchte – ein Mann, dessen Identität und Verbrechen von einem dichten Schleier umgeben waren.

Die räumliche Nähe der beiden Gefangenen führte zu Spekulationen. Zeitgenössische Berichte legen nahe, dass Dauger zunächst als Diener für Fouquet eingesetzt wurde. Doch diese Funktion allein erklärt nicht die Geheimhaltung, die Daugers Existenz umgab. War er mehr als ein einfacher Diener? Hatte er Zugang zu Informationen, die den Staat gefährden könnten?

Wissen als Gefahr:

Das Schweigen bewahren

Eine der Theorien, die die Verbindung zwischen Dauger und Fouquet beleuchten, betrifft Fouquets Kenntnisse über die Finanzen und politischen Geheimnisse Frankreichs. Als Surintendant des Finances hatte Fouquet Zugang zu brisanten Informationen, darunter auch die verdeckten Gelder, die Louis XIV für seine politischen Projekte einsetzte. Es ist denkbar, dass Dauger als Diener oder Vertrauter Teile dieses Wissens aufgeschnappt hatte und somit ein Risiko für den König darstellte.

Die strengen Maßnahmen, die Daugers Gefangenschaft begleiteten – von seiner Maskierung bis hin zur absoluten Geheimhaltung seines Namens – könnten darauf hindeuten, dass er Mitwisser von Geheimnissen war, die Louis XIV um jeden Preis bewahren wollte. Fouquets Sturz bot dem König die Gelegenheit, potenzielle Gefahrenquellen auszuschalten, und Dauger könnte als eine solche betrachtet worden sein.

Persönliche Verstrickungen oder politische Intrigen?

Ein weiterer Aspekt der Verbindung zwischen Fouquet und Dauger ist die Möglichkeit einer persönlichen Verstrickung. Könnte Dauger eine Rolle in Fouquets eigenem Netzwerk gespielt haben? Fouquet war bekannt für seine Fähigkeit, loyale Anhänger um sich zu scharen, und es ist denkbar, dass Dauger als Teil dieses Netzwerks gesehen wurde.

Die Beweise für eine direkte persönliche Beziehung bleiben jedoch spärlich. Es scheint wahrscheinlicher, dass die Verbindung zwischen den beiden Männern vor allem durch ihre gemeinsame Gefangenschaft und die Rolle des Staates in ihrem Schicksal geprägt war.

Die Symbolik der Verbindung

Die Verknüpfung von Nicolas Fouquet und Eustache Dauger in der Geschichte des Mannes mit der eisernen Maske offenbart die Mechanismen der absolutistischen Macht. Louis XIV nutzte Gefängnisse wie Pignerol nicht nur, um Dissidenten zu bestrafen, sondern auch, um gefährliches Wissen zu kontrollieren. Die Verbindung der beiden Männer wird so zu einer Allegorie für die dunklen Seiten des Absolutismus: eine Welt, in der Geheimnisse, Intrigen und Machtkämpfe das Leben der Beteiligten bestimmten.

Fouquet, der einst den Glanz der Macht verkörperte, und Dauger, dessen Gesicht unter einer Maske verborgen blieb, stehen für zwei extreme Pole dieser Ordnung. Der eine stürzte vom Gipfel des Einflusses in die Vergessenheit, der andere verblieb in den Schatten der Geschichte – beide jedoch Opfer eines Systems, das keine Abweichung duldete.

Ein Netz aus Schatten

Am Ende bleibt die Verbindung zwischen Nicolas Fouquet und Eustache Dauger ein Mysterium, das die Phantasie anregt.

Sie zeigt, wie persönliche Schicksale und politische Machtspiele untrennbar miteinander verwoben sind. Was Fouquet wusste und was Dauger möglicherweise von ihm erfahren hatte, bleibt ungewiss. Sicher ist jedoch, dass ihre gemeinsame Geschichte ein Kapitel im größeren Drama des französischen Absolutismus ist – ein Kapitel, das den Leser in die dunklen Ecken der Macht blicken lässt, wo Geheimnisse gepflegt und Identitäten ausgelöscht werden.

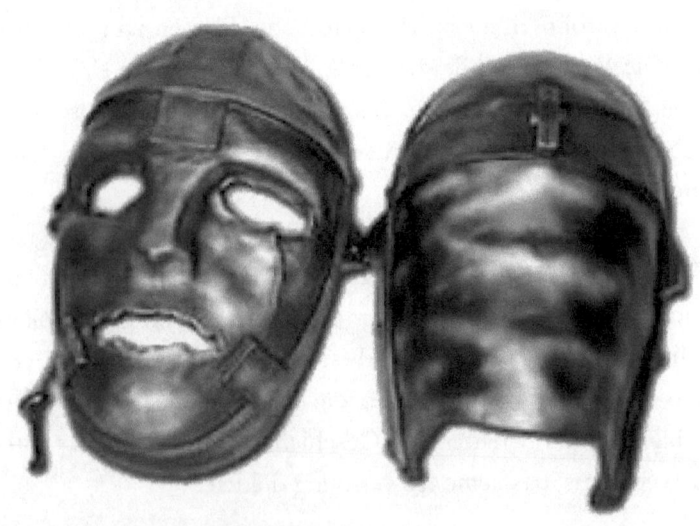

Geheimhaltung als Instrument der Macht

Wie die absolute Monarchie Geheimnisse schützte und warum diese Praxis für Louis XIV zentral war

Die Herrschaft von Louis XIV, dem Sonnenkönig, war geprägt von Pomp, Glanz und einer scheinbar grenzenlosen Machtentfaltung. Doch hinter der goldenen Fassade des Hofes von Versailles verbarg sich ein Netz aus Geheimnissen und Intrigen, das die Grundlage für den absolutistischen Staat bildete. Geheimhaltung war nicht nur ein Werkzeug, sondern ein essenzielles Element der politischen Ordnung. Sie diente nicht allein dazu, Macht zu erhalten, sondern auch dazu, diese zu manifestieren und zu legitimieren. Louis XIV verstand besser als jeder andere Herrscher seiner Zeit, dass Wissen Macht bedeutete – und dass Kontrolle über Wissen die wahre Grundlage seiner Autorität war.

Der absolutistische Staat und das Monopol der Wahrheit

Im System des Absolutismus war der König nicht nur das Oberhaupt des Staates, sondern der Staat selbst. ›L'État, c'est moi‹ – ›Der Staat bin ich‹ – ist ein Satz, der Louis XIV zugeschrieben wird und seine politische Philosophie auf den Punkt bringt. In einem solchen System ist die Geheimhaltung keine bloße Strategie, sondern eine Notwendigkeit. Alles Wissen, das den König und seine Entscheidungen betraf, war ein Mittel zur Kontrolle.

Die absolute Monarchie operierte mit einer strikten Hierarchie, in der der Zugang zu Informationen streng reguliert war. Die wenigen, die Zugang zu den innersten Kreisen des Wissens hatten, waren entweder loyale Diener des Königs oder solche, die durch Furcht und Strafen zur Verschwiegenheit gezwungen wurden. Dieses Monopol auf Wissen schuf eine Aura von Unantastbarkeit um die Person des Königs. Je weniger die Untertanen über die inneren Mechanismen der Macht wussten, desto stärker erschien die Autorität des Herrschers.

Das Werkzeug der Geheimhaltung

Geheimhaltung war ein vielseitiges Werkzeug, das in verschiedenen Kontexten eingesetzt wurde. Ein zentraler Bereich war die Diplomatie. Verträge, Verhandlungen und Absprachen mit ausländischen Mächten wurden oft im Verborgenen gehalten, um Gegner zu täuschen oder Zeit für strategische Entscheidungen zu gewinnen. Ebenso diente die Geheimhaltung dazu, militärische Pläne zu schützen und mögliche Verräter oder Saboteure zu entwaffnen.

Doch die Praxis der Geheimhaltung ging weit über die großen politischen Bühnen hinaus. Sie durchdrang den Alltag am Hof, wo Intrigen, Rivalitäten und Machtkämpfe an der Tagesordnung waren. Das Wissen darüber, wer mit wem verbündet war, wer welche Privilegien genoss oder welche Schwächen und Verfehlungen der Höflinge dem König bekannt waren, wurde systematisch genutzt, um Loyalität zu erzwingen und potenzielle Gegner zu neutralisieren.

Die Bastille und die Kunst des Verschwindens

Ein zentrales Symbol für die Geheimhaltung der absoluten Monarchie war die Bastille. Dieses ikonische Gefängnis diente nicht nur dazu, Dissidenten einzusperren, sondern auch dazu, sie aus der Öffentlichkeit zu entfernen. Menschen wie Eustache Dauger wurden hier zu Schattenfiguren – ihre Existenz war bekannt, doch ihre Identität und ihr Schicksal blieben ein Mysterium.

Die Bastille war nicht einfach ein Ort der Bestrafung, sondern ein Instrument der Verschleierung. Wer dort inhaftiert war, verschwand nicht nur physisch, sondern auch aus den Annalen der Gesellschaft. Das Schweigen, das die Gefangenen umgab, war eine gezielte Strategie, um ihre Geschichten und ihre Bedeutung aus dem kollektiven Gedächtnis zu tilgen.

Louis XIV und die symbolische Macht des Schweigens

Für Louis XIV war die Geheimhaltung nicht nur ein praktisches Mittel, sondern auch ein Symbol seiner göttlichen Autorität. Der König stand über den Gesetzen und Normen, die seine Untertanen bindeten. Sein Wissen war unantastbar, seine Entscheidungen endgültig. Indem er Geheimnisse bewahrte, demonstrierte er seine Überlegenheit und seine Fähigkeit, das Schicksal seiner Untertanen zu lenken.

Ein eindrucksvolles Beispiel dafür ist die Geschichte des Mannes mit der eisernen Maske. Ob es sich bei diesem Gefangenen tatsächlich um Eustache Dauger handelte oder ob die

Legende eine andere Grundlage hatte, bleibt ungewiss. Was jedoch unbestreitbar ist, ist die symbolische Macht dieser Geschichte. Der Mann, dessen Identität verborgen blieb, wurde zu einem Sinnbild für die Fähigkeit des Staates, Leben zu kontrollieren und zu verbergen.

Die absolute Geheimhaltung, die Louis XIV um diesen Fall und ähnliche Angelegenheiten webte, war eine bewusste Demonstration seiner Macht. Sie zeigte, dass er nicht nur über das Schicksal einzelner Menschen, sondern auch über die Erzählungen und Erinnerungen einer ganzen Gesellschaft herrschte.

Die dunklen Seiten der Geheimhaltung

Doch die Geheimhaltung hatte auch ihre Schattenseiten. Sie schuf eine Atmosphäre des Misstrauens und der Angst, in der niemand sicher sein konnte, welche Informationen über ihn bekannt waren oder wie diese genutzt werden könnten. Sie förderte Intrigen und Verrat, da diejenigen, die sich ausgeschlossen fühlten, nach Wegen suchten, das Monopol des Königs zu brechen.

Zudem führte die Geheimhaltung oft zu einem Paradoxon: Je mehr Geheimnisse der König hütete, desto mehr wurden Gerüchte und Spekulationen genährt. Die Geschichte des Mannes mit der eisernen Maske ist ein Beispiel dafür. Das Schweigen, das den Gefangenen umgab, machte ihn zu einem Mythos, der die Vorstellungskraft der Menschen beflügelte und letztlich die Autorität des Königs infrage stellte.

Eine bleibende Lektion

Die Praxis der Geheimhaltung unter Louis XIV war ein mächtiges Instrument, das seine Herrschaft stärkte und seine Position unantastbar machte. Doch sie zeigt auch, wie fragil eine solche Macht sein kann. Geheimnisse können Schutz bieten, aber sie können auch Misstrauen säen und Schatten werfen, die länger bestehen bleiben als die Macht, die sie einst schützen sollten.

Louis XIV mag das goldene Zeitalter des Absolutismus verkörpert haben, doch die Geschichten, die aus seiner Herrschaft hervorgingen – darunter die des Mannes mit der eisernen Maske – erinnern uns daran, dass selbst die strahlendste Macht von Dunkelheit durchzogen sein kann.

Die literarische Geburt eines Mythos

Voltaires Darstellung des Mannes mit der Maske und seine Kritik an der Monarchie

Die Legende vom Mann mit der eisernen Maske, wie sie heute bekannt ist, wäre ohne François-Marie Arouet, besser bekannt als Voltaire, kaum vorstellbar. Es war Voltaire, der dem geheimnisvollen Gefangenen des französischen Absolutismus ein literarisches Leben einhauchte und ihn gleichzeitig zum Sinnbild für die Willkür der Monarchie stilisierte. Doch hinter der fesselnden Erzählung verbirgt sich mehr als nur literarische Fantasie. Voltaires Darstellung ist nicht nur ein Beleg für seinen scharfsinnigen Geist, sondern auch ein subversives Werk, das die politischen und sozialen Strukturen seiner Zeit in Frage stellte.

Voltaires Begegnung mit dem Mythos

Voltaire, ein Meister der Satire und ein unermüdlicher Kritiker von Autoritäten, stieß während seines Aufenthalts in der Bastille auf Gerüchte über einen mysteriösen Gefangenen, dessen Identität von einer Maske verborgen worden sein soll. Diese Geschichten, die er später in seinem Werk ›Le Siècle de Louis XIV‹ aufgriff, nutzte er, um einen scharfen Kontrast zwischen der glänzenden Oberfläche des absolutistischen Staates und seinen düsteren Schattenseiten zu zeichnen.

In seinen Schriften erwähnt Voltaire den Mann mit der Maske als eine reale Figur, dessen Schicksal die ganze Brutalität und Geheimniskrämerei der Monarchie unter Louis XIV symbolisierte. Dabei war ihm die genaue Identität des Gefangenen weniger wichtig als die Botschaft, die seine Geschichte transportieren konnte. Für Voltaire war der Mann mit der Maske nicht nur ein Mensch, sondern eine Metapher für den Machtmissbrauch und die Unterdrückung individueller Freiheiten.

Die Maske als Symbol

Die berühmte Maske, von der Voltaire schrieb, war nach seinen eigenen Worten zunächst nicht aus Eisen, sondern aus Samt gefertigt – ein Detail, das er später selbst korrigierte, wohl um den dramatischen Effekt zu steigern. In der literarischen Verarbeitung wurde die Maske jedoch schnell zum zentralen Symbol für die Grausamkeit und Undurchschaubarkeit der Monarchie.

Für Voltaire hatte die Maske eine doppelte Funktion. Einerseits diente sie dazu, die Identität des Gefangenen zu verschleiern und seine Menschlichkeit zu entziehen. Andererseits verdeutlichte sie die Isolation und die völlige Entmenschlichung, die mit der absolutistischen Macht einherging. Die Maske wurde so zu einer Allegorie für die staatliche Unterdrückung und das Schweigen, das die Untertanen zu ertragen hatten.

Kritik an der Monarchie

Voltaires Darstellung des Mannes mit der Maske war nicht nur eine spannende Erzählung, sondern auch eine durchdachte Kritik an der Monarchie. Louis XIV, der ›Sonnenkönig‹, wurde von Voltaire zwar für seinen Beitrag zur französischen Kultur und Machtpolitik gewürdigt, doch der Philosoph sparte nicht mit Kritik an der dunklen Seite seiner Herrschaft. Die Geschichte des Mannes mit der Maske diente Voltaire als perfektes Beispiel für die Schattenseiten des Absolutismus: die willkürliche Inhaftierung, die totale Kontrolle über die Untertanen und die Abwesenheit jeglicher Rechenschaftspflicht.

Indem Voltaire die Geschichte mit Elementen des Geheimnisvollen und des Tragischen spickte, erreichte er nicht nur ein breites Publikum, sondern legte auch den Grundstein für eine literarische Tradition, die bis heute nachwirkt. Seine Schilderungen inspirierten Generationen von Schriftstellern und Historikern und prägten das Bild, das wir von der französischen Monarchie haben.

Die subversive Kraft der Erzählung

Voltaires Geschichte des Mannes mit der eisernen Maske war weit mehr als ein literarisches Experiment. Sie war ein Akt der Rebellion gegen eine politische Ordnung, die auf Geheimhaltung und Autorität basierte. Indem er die Figur des maskierten Gefangenen in den Mittelpunkt stellte, machte er deutlich, dass selbst die strahlendste Macht ihre dunklen Geheimnisse hat –

und dass diese Geheimnisse letztlich ihre größte Schwäche sein können.

Die literarische Geburt des Mythos war daher nicht nur ein Zeugnis von Voltaires Talent, sondern auch ein Beweis für die subversive Kraft des geschriebenen Wortes. In einer Zeit, in der offene Kritik an der Monarchie gefährlich war, nutzte Voltaire die Erzählung des Mannes mit der Maske, um seine Leser zum Nachdenken anzuregen und sie dazu zu ermutigen, die Machtstrukturen ihrer Gesellschaft zu hinterfragen.

Der bleibende Einfluss Voltaires

Voltaires Schilderung des Mannes mit der Maske hat die historische Figur – oder vielmehr die Legende – unsterblich gemacht. Seine Erzählung wurde zu einem kulturellen Phänomen, das bis heute in Romanen, Filmen und wissenschaftlichen Abhandlungen fortlebt. Dabei bleibt die Geschichte nicht nur ein spannendes Rätsel, sondern auch eine Mahnung vor den Gefahren einer Macht, die sich ihrer eigenen Verantwortung entzieht.

Für Voltaire war die Legende vom Mann mit der Maske nicht nur ein literarisches Werk, sondern ein Werkzeug, um die Wahrheit ans Licht zu bringen – eine Wahrheit, die sich hinter den Masken der Macht verbirgt. Und so bleibt die Geschichte, die er erzählte, ein eindrucksvolles Beispiel dafür, wie Mythen nicht nur die Vergangenheit prägen, sondern auch die Gegenwart und die Zukunft beeinflussen können.

Von Voltaire zu Dumas:

Die Legende wächst

Die Transformation des Mythos in der Literatur, insbesondere durch Alexandre Dumas

Die Geschichte des Mannes mit der eisernen Maske hat über die Jahrhunderte hinweg eine bemerkenswerte Metamorphose durchlaufen. Was einst als geheimnisvolle Episode in den Aufzeichnungen Voltaires begann, entwickelte sich unter den Händen Alexandre Dumas' zu einem opulenten Mythos, der weit über die Grenzen der historischen Fakten hinauswuchs. Zwischen diesen beiden Autoren, die wie Leuchtfeuer der französischen Literaturgeschichte strahlen, liegt ein weiter Weg der Transformation – ein Prozess, der die Legende vom maskierten Gefangenen von der philosophischen Kritik hin zur epischen Abenteuergeschichte führte.

Voltaire legt die Grundlagen

Voltaire, der durch seine Schriften den Grundstein für die Legende legte, prägte nicht nur das historische Bewusstsein seiner Zeit, sondern auch die Fantasie künftiger Generationen. Seine Erwähnungen des maskierten Gefangenen weckten Neugier und boten genügend Rätsel, um eine literarische Auseinandersetzung zu inspirieren. Doch für Voltaire war die Geschich-

te ein Mittel zur Kritik an der Monarchie und an den Missstän-
den der absoluten Herrschaft.

Diese kritische Dimension schwang bei nachfolgenden
Schriftstellern stets mit, doch sie wurde zunehmend durch
Elemente der Dramatisierung und Romantisierung ergänzt. Die
Figur des maskierten Gefangenen wandelte sich von einem
Symbol der politischen Willkür zu einem Charakter, der Ge-
heimnisse, Intrigen und persönliche Tragik verkörperte.

Alexandre Dumas und die literarische Rebellion

Als Alexandre Dumas sich im 19. Jahrhundert dem Stoff zu-
wandte, war Frankreich eine völlig andere Nation. Die Revolution hatte die Monarchie gestürzt, und das Publikum gierte
nach Geschichten, die Abenteuer und Spannung boten, aber
auch eine tiefe Verbindung zur nationalen Vergangenheit hatten. Dumas, ein Meister darin, historische Stoffe mit fiktiven
Elementen zu verweben, erkannte das Potenzial des Mannes
mit der eisernen Maske für seine literarischen Ambitionen.

In seinem Roman Der Mann mit der eisernen Maske, der Teil
der berühmten Drei Musketiere-Reihe ist, greift Dumas die
historische Figur auf und verleiht ihr eine völlig neue Dimensi-
on. Der Gefangene ist in seiner Darstellung kein namenloses
Opfer des Staates, sondern der Zwillingsbruder von König
Louis XIV – ein Mann, der aus dynastischen und politischen
Gründen weggesperrt wird, um den Glanz des absolutistischen
Herrschers nicht zu trüben.

Mit dieser Neuerzählung schuf Dumas eine komplexe und faszinierende Figur, deren Schicksal sowohl von persönlicher Tragik als auch von politischem Kalkül durchdrungen ist. Der maskierte Gefangene wurde so nicht nur ein Symbol für die dunklen Seiten der Macht, sondern auch für die verlorenen Chancen und die Ungerechtigkeit, die in den Intrigen der Geschichte liegen.

Von der Kritik zur Romantisierung

Dumas' Interpretation markiert eine entscheidende Wende in der Entwicklung des Mythos. Während Voltaire die Geschichte nutzte, um die Tyrannei der Monarchie zu entlarven, wandelte Dumas die Erzählung in eine epische Geschichte um Loyalität, Verrat und die Macht des Schicksals. Die Maske, die bei Voltaire ein Symbol der Unterdrückung war, wurde bei Dumas zu einem dramatischen Accessoire, das den Heldencharakter des Gefangenen hervorhob.

Durch diese Transformation gewann die Geschichte an Popularität, verlor jedoch auch einiges von ihrer ursprünglichen Schärfe. Dumas machte aus dem Mann mit der eisernen Maske nicht nur einen tragischen Helden, sondern auch eine Projektionsfläche für die romantischen Ideale des 19. Jahrhunderts: die Suche nach Wahrheit, die Sehnsucht nach Gerechtigkeit und die Vorstellung, dass selbst die mächtigsten Institutionen letztlich von menschlichen Schwächen geprägt sind.

Die literarische Magie von Dumas

Dumas' Stärke lag in seiner Fähigkeit, historische Details mit dramatischen Wendungen und lebendigen Charakteren zu verbinden. Seine Darstellung des Mannes mit der eisernen Maske ist ein Meisterwerk des historischen Romans, das auf geschickte Weise Fakten und Fiktion vermengt. Obwohl die historische Genauigkeit seiner Erzählung fragwürdig ist, gelingt es Dumas, eine Welt zu erschaffen, die so lebendig und überzeugend ist, dass die Leser bereitwillig in die Geschichte eintauchen und die Grenzen zwischen Realität und Fiktion verschwimmen lassen.

Dabei bleibt der maskierte Gefangene eine schillernde Figur, deren wahre Identität ebenso rätselhaft ist wie die Motive derjenigen, die ihn inhaftierten. Dieses Spiel mit dem Unbekannten und der Geheimnisvollen macht Dumas' Werk nicht nur zu einem literarischen Klassiker, sondern auch zu einem Eckpfeiler der modernen Mythenbildung.

Der Mythos im kulturellen Gedächtnis

Die Adaption durch Dumas hat die Legende des Mannes mit der eisernen Maske endgültig im kollektiven Bewusstsein verankert. Seine Version der Geschichte wurde zum Vorbild für unzählige weitere Interpretationen, von Theaterstücken über Filme bis hin zu Fernsehserien. Die Darstellung des maskierten Gefangenen als tragischer Held, der gegen die Ungerechtigkeit der Welt kämpft, ist heute tief in der Populärkultur verwurzelt – ein Vermächtnis, das direkt auf Dumas' kreative Kraft zurückgeht.

Doch auch wenn Dumas die Geschichte unsterblich gemacht hat, bleibt der Kern des Mythos bestehen: eine Geschichte über Macht, Geheimnisse und die Schattenseiten der Geschichte. Die Transformation von Voltaires subversiver Erzählung zu Dumas' romantischer Interpretation zeigt, wie literarische Werke nicht nur die Vergangenheit reflektieren, sondern auch die Werte und Hoffnungen ihrer eigenen Zeit verkörpern.

Ein Mythos zwischen Realität und Fiktion

Der Mann mit der eisernen Maske ist heute weniger eine historische Figur als ein literarischer Archetyp. Die Entwicklung von Voltaires nüchterner Kritik hin zu Dumas' dramatischem Epos spiegelt nicht nur die Veränderung der literarischen und politischen Landschaft wider, sondern zeigt auch, wie Mythen entstehen und wachsen.

Durch Dumas hat die Legende ihren festen Platz in der Weltliteratur gefunden – ein ewiger Beweis dafür, dass Geschichten, einmal erzählt, ein Eigenleben entwickeln können. Die Frage, wer der Mann mit der Maske wirklich war, tritt dabei zunehmend in den Hintergrund. Stattdessen bleibt die Maske selbst als Symbol für die Macht der Fantasie und die unendlichen Möglichkeiten der Literatur bestehen.

Andere Theorien und Spekulationen

Überblick über alternative Hypothesen zur Identität des Mannes mit der Maske

Die Geschichte des Mannes mit der eisernen Maske ist nicht nur ein faszinierendes Rätsel, sondern auch ein Magnet für Theorien und Spekulationen, die sich seit dem 17. Jahrhundert unaufhaltsam vervielfältigt haben. Während einige Hypothesen den historischen Kontext der Zeit respektieren, bewegen sich andere in den Bereich des Fantastischen. Die anhaltende Faszination für die Identität des mysteriösen Gefangenen hat Historiker, Literaten und Verschwörungstheoretiker gleichermaßen inspiriert.

Ein königlicher Zwilling?

Eine der bekanntesten Theorien, die durch Alexandre Dumas' literarisches Werk populär wurde, ist die Vorstellung, dass der Mann mit der Maske der Zwillingsbruder von Louis XIV war. Diese Hypothese erklärt die strikte Geheimhaltung um den Gefangenen durch die Angst des Königs, seine Position und Legitimität könnten durch die Existenz eines Zwillings infrage gestellt werden.

Obwohl es keine historischen Beweise für diese Annahme gibt, ist sie aus narrativer Sicht verführerisch. Sie spielt mit den zentralen Themen von Macht, Identität und Intrige, die das Leben am Hof von Versailles bestimmten. Die Idee eines verborgenen Erben oder eines Doppelgängers eines Monarchen hat zudem tief in der europäischen Mythologie und Literatur ihre Wurzeln.

Ein hoher Aristokrat?

Eine weitere Theorie, die schon im 18. Jahrhundert kursierte, identifizierte den Gefangenen als den Comte de Vermandois, einen unehelichen Sohn von Louis XIV. Dieser war als junger Mann in Ungnade gefallen, nachdem er angeblich an einer Verschwörung gegen den König beteiligt gewesen sein soll. Die Anhänger dieser Hypothese vermuten, dass Louis XIV seinen Sohn aus Gründen der politischen Stabilität lebenslang inhaftieren ließ.

Die Schwäche dieser Theorie liegt in den historischen Berichten über den Tod des Comte de Vermandois, der angeblich an den Folgen einer Krankheit starb. Dennoch bleibt die Vorstellung einer königlichen Intrige faszinierend, da sie das Spannungsverhältnis zwischen Macht und Familie in den Mittelpunkt rückt.

Der wahre Erbe des französischen Throns?

Einige Theorien gehen noch weiter und behaupten, der maskierte Gefangene sei der legitime Erbe des französischen Throns gewesen. Diese Annahme knüpft an die Vorstellung an, dass ein geheimer Sohn von Louis XIII oder sogar ein anderer direkter Nachfahre der Bourbonen aus politischen Gründen entfernt wurde, um die Herrschaft von Louis XIV zu sichern.

Die meisten Historiker betrachten diese Hypothese als unwahrscheinlich, da es keine stichhaltigen Beweise für eine derartige Intrige gibt. Dennoch zeigt sie, wie die Geschichte des Mannes mit der Maske als Projektionsfläche für tiefsitzende Zweifel an der Legitimität der Monarchie und ihrer Machtstrukturen dient.

Ein gefährlicher Staatsfeind?

Andere Spekulationen sehen den Gefangenen als einen politischen oder militärischen Feind des Königs. Manche identifizieren ihn als General Vivien de Bulonde, der angeblich während eines Feldzugs in Italien desertiert und die französischen Truppen im Stich gelassen haben soll. Louis XIV hätte einen solchen Verrat nicht nur mit der Todesstrafe, sondern auch mit einer dauerhaften Auslöschung der Person geahndet.

Diese Theorie erscheint plausibel, da sie mit der strengen Politik Louis XIV gegenüber Verrätern übereinstimmt. Doch die Verlegung eines solchen Gefangenen in die Bastille, verbunden mit der symbolischen Bedeutung der Maske, scheint ein unverhältnismäßig großer Aufwand zu sein, was Zweifel an dieser Hypothese aufwirft.

Ein italienischer Spion?

Eine weitere Theorie, die auf zeitgenössischen Berichten basiert, sieht in dem Mann mit der Maske einen italienischen Spion, der geheime Informationen über den Hof von Versailles an ausländische Mächte weitergegeben haben soll. Dies könnte die strenge Geheimhaltung erklären, da Louis XIV darauf bedacht war, die Sicherheit seiner Herrschaft zu gewährleisten und die Reputation seines Hofes zu schützen.

Die symbolische Maske

Über die Identität des Mannes hinaus hat die Maske selbst die Spekulationen weiter angeheizt. Warum trug der Gefangene überhaupt eine Maske? War sie wirklich aus Eisen, wie Dumas und viele andere behaupteten, oder aus Samt, wie es Voltaire andeutete? Manche Historiker vermuten, dass die Maske vor allem ein symbolisches Element war, das dazu diente, die Entmenschlichung und die völlige Isolation des Gefangenen zu demonstrieren.

Die Anziehungskraft des Geheimnisses

Letztlich ist es vielleicht weniger die Identität des Mannes mit der Maske, die die Fantasie der Menschen beflügelt, als vielmehr das Geheimnis selbst. Die Tatsache, dass so viele Details im Dunkeln liegen, bietet Raum für zahllose Interpretationen und macht die Geschichte zu einem lebendigen Mythos.

Die Theorien über den maskierten Gefangenen sind ein Spiegelbild der Ängste, Hoffnungen und Projektionen, die die Menschen über Jahrhunderte hinweg mit der absoluten Monarchie und ihren Abgründen verbunden haben. Sie zeigen, wie eine historische Episode zum Katalysator für Geschichten

werden kann, die weit über ihre ursprüngliche Bedeutung hin-
ausreichen.

Alexandre Dumas
(24. Juli 1802 als Dumas Davy de la Pailleterie - 5. Dezember 1870)

Der Alltag eines Gefangenen

Rekonstruktion des Lebens in den Gefängnissen des Ancien Régime, basierend auf historischen Berichten

Das Leben eines Gefangenen im Frankreich des Ancien Régime war ein komplexes Geflecht aus Entbehrung, Kontrolle und gelegentlichem Privileg, abhängig von der sozialen Stellung des Inhaftierten und der Aufmerksamkeit seiner Wärter. Während die Bastille, das berüchtigtste Gefängnis dieser Ära, einen zentralen Platz im kollektiven Bewusstsein einnimmt, waren die Bedingungen in den vielen anderen Haftanstalten des Königreichs nicht weniger prägend für die Schicksale der dort eingesperrten Männer und Frauen.

Isolation und Kontrolle

Die meisten Gefängnisse des Ancien Régime waren Orte der Isolation. Für prominente Gefangene wie Eustache Dauger – den mutmaßlichen Mann mit der Maske – war diese Isolation nicht nur physisch, sondern auch sozial. Gefangene wurden häufig in Einzelzellen untergebracht, die spärlich möbliert und oft feucht und dunkel waren. Die Wände waren dick, um Fluchtversuche zu verhindern, und die Fenster, wenn es überhaupt welche gab, waren winzig und mit dicken Gitterstäben versehen.

Isolation diente nicht nur der Sicherheit, sondern auch als Machtinstrument. Der Staat konnte damit nicht nur den Kontakt der Gefangenen zur Außenwelt kontrollieren, sondern auch ihre Identität und ihren Willen untergraben. In Fällen wie dem des maskierten Mannes war dies besonders wichtig, da jegliche Information über seine Identität politische und gesellschaftliche Konsequenzen hätte haben können.

Die täglichen Rituale

Der Alltag in einem Gefängnis war von strengen Ritualen geprägt. Der Tag begann oft mit einem Besuch des Wärters, der das Essen brachte und die Zelle inspizierte. Die Mahlzeiten waren einfach und variierten je nach sozialem Status des Gefangenen. Während wohlhabendere Insassen – oft gegen Bezahlung – Zugang zu besserem Essen und sogar zu Wein hatten, mussten einfache Gefangene mit Brot und Suppe auskommen.

Ein weiterer zentraler Punkt des Alltags war die Langeweile. Viele Gefangene verbrachten den Großteil ihrer Zeit mit nichts anderem als dem Warten. Für einige, besonders für diejenigen mit Bildung, war das Schreiben ein Weg, dem tristen Alltag zu entkommen. Briefe, Gedichte und manchmal sogar Bücher entstanden hinter den dicken Mauern der Haftanstalten, wenn auch unter strenger Zensur.

Privilegien und Bestrafungen

Die Behandlung eines Gefangenen hing stark von seinem gesellschaftlichen Status und der Bedeutung seiner Verbrechen ab. Wohlhabende oder einflussreiche Häftlinge konnten sich gelegentlich Privilegien erkaufen: bessere Nahrung, Besuche von Geistlichen oder sogar die Erlaubnis, persönliche Gegenstände wie Bücher oder Möbel mitzubringen. Für sie wurde die Haft zu einer Art erzwungener Abgeschiedenheit, weniger zu einer reinen Bestrafung.

Im Gegensatz dazu standen einfache Gefangene oft unter härteren Bedingungen. Bestrafungen bei Regelverstößen waren grausam und reichten von Essensentzug über Isolation in dunklen, engen Zellen bis hin zu körperlicher Gewalt.

Die Bastille als Symbol

Die Bastille war nicht das größte oder einzige Gefängnis Frankreichs, aber sie war das bekannteste, nicht zuletzt wegen ihrer Rolle als Symbol königlicher Macht. Sie beherbergte politische Gefangene, Hochverräter und andere, die der Monarchie gefährlich werden konnten. Die Bedingungen in der Bastille unterschieden sich stark je nach Gefangenen. Während einige in relativer Bequemlichkeit lebten, mussten andere in völliger Dunkelheit und Feuchtigkeit ausharren.

Für Männer wie den maskierten Gefangenen war die Bastille mehr als nur ein Gefängnis – sie war ein Ort, an dem ihre Existenz ausgelöscht werden sollte, ein Instrument des Staates, um sie zum Schweigen zu bringen.

Menschlichkeit hinter Mauern

Trotz der harten Bedingungen fanden viele Gefangene Wege, ihre Menschlichkeit zu bewahren. Es gibt Berichte von Gefangenen, die Freundschaften mit ihren Wärtern schlossen, Kunstwerke aus bescheidenen Materialien schufen oder sich durch das Schreiben ihren Platz in der Geschichte sicherten.

Für die Wärter war der Umgang mit prominenten Gefangenen oft eine heikle Aufgabe. Sie mussten zwischen Loyalität gegenüber dem Staat und ihrer eigenen Menschlichkeit balancieren. Manche Wärter gingen Risiken ein, indem sie Briefe schmuggelten oder Gefangenen kleine Gefälligkeiten gewährten, während andere die Macht ausnutzten, um Gefangene zu demütigen.

Das Schweigen der Mauern

Die Gefängnisse des Ancien Régime waren mehr als nur Orte der Inhaftierung; sie waren Werkzeuge eines Systems, das Kontrolle und Ordnung über alles stellte. In diesen Mauern wurde Geschichte geschrieben, oft in der Stille von Zellen, deren Insassen der Welt entzogen waren. Für den Mann mit der eisernen Maske bedeuteten diese Mauern nicht nur Gefangenschaft, sondern auch das Verschwinden seiner Identität – eine radikale Maßnahme, die die absolute Macht des Königs unterstrich.

Das Leben hinter den Mauern dieser Gefängnisse war geprägt von Verzweiflung, aber auch von einem erstaunlichen Überlebenswillen. In der Rekonstruktion dieser Lebenswelten zeigt sich nicht nur die Härte des Systems, sondern auch die Widerstandskraft des Menschen in einer Welt, die ihn vergessen wollte.

Die Bastille und ihr Symbolwert

Historische Bedeutung der Bastille und ihr Beitrag zur Mythenbildung

Die Bastille – dieses massive Bauwerk aus grauem Stein mit seinen wuchtigen Türmen und bedrohlichen Mauern – war weit mehr als ein Gefängnis. Sie war ein Monument königlicher Macht, ein Mahnmal der Autorität und ein Symbol für die schier unantastbare Kontrolle des französischen Königs über sein Reich. Doch ebenso wie die Bastille für Stärke und Ordnung stand, wurde sie auch zur Projektionsfläche für Geheimnisse, Verschwörungen und Mythen. Im Zentrum dieser Ambivalenz liegt nicht nur ihre Geschichte, sondern auch ihr symbolischer Beitrag zur Legende des Mannes mit der eisernen Maske.

Die Bastille als königliches Machtinstrument

Im Jahr 1370 ursprünglich als Wehrbau unter Karl V. errichtet, diente die Bastille zunächst der Verteidigung von Paris. Im Laufe der Jahrhunderte wandelte sich jedoch ihr Zweck. Unter den französischen Königen des Ancien Régime wurde sie zu einem Staatsgefängnis, das hauptsächlich für politische Gefangene und Personen von besonderem Interesse genutzt wurde. Anders als herkömmliche Haftanstalten war die Bastille nicht für gewöhnliche Kriminelle vorgesehen. Hier wurden diejenigen eingesperrt, die die Autorität des Königs infrage stellten, seine Geheimnisse gefährdeten oder auf andere Weise als Bedrohung für die Monarchie galten.

Die Bastille verkörperte damit die uneingeschränkte Macht des Königs. Eine Inhaftierung erfolgte oft ohne Gerichtsverhandlung, allein durch die sogenannte ›lettre de cachet‹, ein königliches Dekret, das die sofortige Verhaftung und Internierung einer Person anordnete. Dieses Verfahren unterstrich den Absolutismus, der das Fundament der Herrschaft von Louis XIV. bildete: Der König stand über dem Gesetz und war niemandem außer Gott Rechenschaft schuldig.

Geheimhaltung und Mythosbildung

Die Bastille war nicht nur ein Ort physischer Inhaftierung, sondern auch ein Ort des Schweigens. Über die Insassen und ihre Vergehen drang selten etwas nach außen. Die Mauern der Bastille hielten nicht nur die Gefangenen gefangen, sondern auch die Geschichten, die sich um sie rankten. Dieses Schweigen befeuerte Spekulationen, die oft von der Vorstellung getragen waren, dass hinter den Mauern etwas Außergewöhnliches verborgen lag.

Die Legende des Mannes mit der eisernen Maske fand in dieser Atmosphäre des Geheimnisses einen fruchtbaren Boden. Der Gedanke, dass ein Gefangener derart bedeutsam und gefährlich sein könnte, dass seine Identität mit einer Maske verborgen werden musste, passte perfekt in das Bild, das die Öffentlichkeit von der Bastille hatte. Die Tatsache, dass nur wenige Dokumente aus dieser Zeit erhalten sind und die wenigen vorhandenen Aufzeichnungen Lücken aufweisen, verstärkte die Mystifizierung zusätzlich.

Ein Symbol der Tyrannei

Im 17. und 18. Jahrhundert begann die Bastille, auch über Frankreich hinaus, als Symbol für Tyrannei und Unterdrückung zu stehen. Schriftsteller, Philosophen und politische Kritiker griffen das Bild der Bastille auf, um die absolutistische Herrschaft des Königs zu kritisieren. Voltaire, einer der prominentesten Kritiker der Monarchie, schrieb in seinen Werken immer wieder über die Willkürhaftigkeit der Inhaftierungen in der Bastille. Dabei verband er reale Ereignisse mit literarischer Überhöhung und trug so selbst zur Mythenbildung bei.

Die Bastille wurde nicht nur als Ort der Grausamkeit und Unterdrückung dargestellt, sondern auch als Bühne für Intrigen und Geheimnisse. Besonders die Geschichte des Mannes mit der Maske, die von Voltaire popularisiert wurde, spiegelte die Vorstellung wider, dass der König ein unnachgiebiger Herrscher war, der bereit war, alles zu tun, um seine Macht zu sichern – selbst wenn dies bedeutete, ein Leben im Schatten der Geschichte verschwinden zu lassen.

Die Bastille und die Französische Revolution

Die historische Bedeutung der Bastille erreichte ihren Höhepunkt am 14. Juli 1789, als aufgebrachte Bürger sie stürmten und damit den Beginn der Französischen Revolution einläuteten. Die Zerstörung der Bastille markierte nicht nur das Ende eines Gebäudes, sondern auch das Ende der Monarchie, die sie symbolisierte.

Doch zu diesem Zeitpunkt war die Bastille längst mehr Mythos als Realität. Der Ruf, den sie als Ort des Geheimnisses und der Unterdrückung erlangt hatte, überlebte ihre tatsächliche Funktion als Gefängnis. Selbst nach ihrem Abriss blieb die Bastille ein Symbol, das in der kollektiven Erinnerung weiterlebte – als Zeugnis eines Systems, das die Freiheit des Einzelnen den Interessen des Staates unterordnete.

Der Mann mit der Maske und die Bastille

Die Verbindung zwischen der Bastille und der Legende des Mannes mit der eisernen Maske ist kein Zufall. Beide sind Symbole einer Zeit, in der Geheimhaltung und absolute Macht die Eckpfeiler der Politik waren. Während die Bastille das System verkörperte, das solche Geschichten möglich machte, war die Figur des maskierten Mannes der Inbegriff des Geheimnisses, das dieses System schuf.

Die Bastille war Schauplatz und Symbol zugleich – ein Ort, an dem Geschichten verborgen, aber auch geboren wurden. Die Legende des Mannes mit der eisernen Maske ist eine dieser Geschichten, die weit über ihre historischen Wurzeln hinauswachsen und Teil eines Mythos werden, der bis heute fasziniert.

Dieses Kapitel schließt mit der Erkenntnis, dass die Bastille nicht nur ein physischer Ort war, sondern ein geistiger Raum, in dem Macht und Geheimnis aufeinandertrafen – und in dem die Vorstellungskraft der Nachwelt eine Legende schuf, die nicht zerstört werden konnte, selbst als die Mauern längst gefallen waren.

Das Zeitalter der Aufklärung

und seine Mythen

Warum und wie das 18. Jahrhundert eine Atmosphäre für solche Legenden schuf

Das 18. Jahrhundert, oft als ›Zeitalter der Aufklärung‹ bezeichnet, war eine Epoche, in der Vernunft, Wissenschaft und Bildung eine zentrale Rolle spielten. Doch trotz des Aufstiegs rationaler Denkweisen blühte in dieser Zeit auch die Entstehung und Verbreitung von Mythen, Legenden und Verschwörungstheorien. Der Mann mit der eisernen Maske ist ein eindrückliches Beispiel dafür, wie die Spannung zwischen dem Streben nach Aufklärung und der Faszination für das Geheimnisvolle ein fruchtbarer Boden für Legendenbildung sein konnte.

Eine Welt im Wandel

Das 18. Jahrhundert war geprägt von tiefgreifenden gesellschaftlichen und kulturellen Veränderungen. Die absolute Monarchie, die im 17. Jahrhundert unter Louis XIV ihren Höhepunkt erreicht hatte, begann allmählich an Legitimität zu verlieren. Philosophische Bewegungen, angeführt von Denkern wie Voltaire, Diderot und Rousseau, stellten die Herrschaftsstrukturen und die Macht der Kirche infrage. Gleichzeitig wuchs das Interesse an Naturwissenschaften und empirischer Forschung, was zu einer Entmystifizierung vieler Bereiche des Lebens führte.

Doch dieser Drang nach Rationalität und Erklärbarkeit hatte eine Schattenseite. Wo wissenschaftliche Erkenntnisse Grenzen erreichten oder noch nicht verfügbar waren, füllten Spekulationen, Halbwahrheiten und Legenden die Lücken. Das Bedürfnis, das Unerklärliche zu verstehen, blieb, und in einer Welt, die zunehmend komplex wurde, boten Geschichten wie die des Mannes mit der Maske einfache Erklärungen für komplizierte Phänomene.

Die Faszination für das Geheimnisvolle

Die Aufklärung forderte von den Menschen, den Schleier der Unwissenheit zu lüften. Gleichzeitig schuf sie ein neues Bewusstsein für Geheimnisse – insbesondere jene, die mit Macht, Politik und Intrigen verbunden waren. Der Gedanke, dass ein Monarch wie Louis XIV in der Lage war, Leben und Identitäten durch einen Federstrich zu verschleiern, passte in das aufkeimende Misstrauen gegenüber absolutistischen Herrschaftsstrukturen.

Der Mann mit der Maske verkörperte dieses Misstrauen. Seine Geschichte wurde zum Sinnbild einer Macht, die nicht nur über das Sichtbare, sondern auch über das Unsichtbare herrschte. Das Bild eines Gefangenen, dessen Identität so gefährlich war, dass sie verborgen werden musste, spielte mit den Ängsten und Fantasien einer Gesellschaft, die zunehmend das

Gefühl hatte, von undurchsichtigen Kräften manipuliert zu werden.

Voltaire und die Kraft der Erzählung

In der Verbreitung der Legende spielte Voltaire eine Schlüsselrolle. Als einer der führenden Intellektuellen seiner Zeit war er sowohl ein Verfechter der Vernunft als auch ein Meister der Polemik und des Theaters. Mit seinem Werk ›Le Siècle de Louis XIV‹ (1751) verlieh er der Geschichte des Mannes mit der eisernen Maske eine neue Dimension.

Für Voltaire war die Legende mehr als nur eine spannende Erzählung – sie war ein Werkzeug, um die Willkür und Grausamkeit des absoluten Monarchen anzuprangern. Gleichzeitig wusste er, dass Geheimnisse und Mysterien ein Publikum fesseln konnten. Er nutzte die Geschichte als Vehikel, um seine Kritik an der Monarchie in einem erzählerischen Gewand zu verpacken, das die Leser begeisterte und zugleich zum Nachdenken anregte.

Mythen als gesellschaftlicher Spiegel

Die Geschichte des Mannes mit der eisernen Maske spiegelt die Paradoxe der Aufklärung wider. Auf der einen Seite steht das Ideal der Vernunft, auf der anderen Seite die Faszination für das Irrationale. Diese Spannung zog sich durch viele Bereiche des 18. Jahrhunderts: Während Wissenschaftler das Universum zu entschlüsseln begannen, entstanden Spekulationen über Geheimbünde wie die Freimaurer oder die Illuminaten.

Solche Erzählungen boten eine Möglichkeit, die Ängste und Unsicherheiten einer Gesellschaft zu verarbeiten, die sich im Übergang zwischen alten und neuen Weltbildern befand. Die Legende des maskierten Mannes, die von absoluter Macht und tiefster Isolation erzählt, passte perfekt in dieses Klima.

Der Mythos als politisches Werkzeug

Das 18. Jahrhundert war auch eine Zeit wachsender politischer Auseinandersetzungen. Geschichten wie die des Mannes mit der eisernen Maske wurden nicht nur von Schriftstellern, sondern auch von politischen Akteuren genutzt, um bestimmte Narrative zu fördern. Die Vorstellung, dass ein König jemanden für immer verschwinden lassen konnte, ohne dass die Öffentlichkeit die Gründe erfuhr, untermauerte die Kritik an der Unkontrollierbarkeit der Monarchie.

Für Revolutionäre, die später die Bastille stürmen sollten, war die Legende ein Beweis für die Tyrannei, die es zu bekämpfen galt. Doch auch für Monarchisten, die die Ordnung des Ancien Régime verteidigten, hatte die Geschichte ihren Nutzen: Sie konnten sie als Beispiel für die Notwendigkeit absoluter Kontrolle anführen, um die Stabilität des Reiches zu gewährleisten.

Das Vermächtnis der Aufklärung

Die Geschichte des Mannes mit der eisernen Maske zeigt, dass die Aufklärung nicht nur ein Zeitalter der Vernunft war, sondern auch eines der Erzählungen. Diese Erzählungen hatten

die Kraft, politische und gesellschaftliche Diskussionen zu beeinflussen, indem sie komplexe Themen in greifbare, emotiona-
le Geschichten übersetzten.

Der Mythos überlebte die Aufklärung, weil er nicht nur von
den historischen Gegebenheiten, sondern auch von den Hoffnungen, Ängsten und Widersprüchen einer ganzen Epoche
getragen wurde. Er steht als Beispiel dafür, wie selbst in einer
Zeit des Lichts die Schatten nicht vollständig vertrieben werden
konnten – und wie diese Schatten manchmal am stärksten in
den Legenden leuchteten, die sie inspirierten.

Die Rezeption in der Revolution

Wie die Geschichte des Mannes mit der Maske während der Französischen Revolution instrumentalisiert wurde

Die Französische Revolution von 1789 war nicht nur eine Zäsur in der politischen und gesellschaftlichen Geschichte Frankreichs, sondern auch eine Bühne, auf der Mythen und Legenden neue Bedeutungen erhielten. Die Geschichte des Mannes mit der eisernen Maske, die bereits zu Lebzeiten Voltaires für Faszination und Spekulationen sorgte, erfuhr während dieser turbulenten Zeit eine bedeutende Transformation. Sie wurde nicht länger nur als Symbol für königliche Tyrannei interpretiert, sondern als eine Anklage gegen das gesamte Ancien Régime und dessen repressiven Apparat instrumentalisiert.

Ein Mythos im revolutionären Kontext

Die Französische Revolution brachte nicht nur die Bastille zu Fall, sondern auch die Idee von unantastbarer königlicher Macht. Im revolutionären Diskurs wurde die Geschichte des Mannes mit der Maske zu einem Sinnbild für die Willkürherrschaft der Bourbonen. Die Vorstellung, dass ein Mensch jahrzehntelang inhaftiert wurde, ohne Prozess und ohne Bekanntgabe seiner Identität, war eine ideale Erzählung, um die moralische Korruption und Grausamkeit des alten Regimes anzuprangern.

Während die Revolutionäre die Abschaffung der absoluten Monarchie und die Schaffung eines neuen, republikanischen Frankreichs forderten, nutzten sie Geschichten wie diese, um die Legitimität des Königtums zu untergraben. Der Mann mit der Maske wurde zu einem Opfer der Tyrannei stilisiert, dessen Schicksal eine Mahnung an die Bevölkerung darstellte: So etwas dürfe nie wieder geschehen.

Die Bastille als Symbol der Unterdrückung

Die Bastille, die in der Legende des Mannes mit der Maske eine zentrale Rolle spielte, war längst nicht mehr nur ein Gefängnis – sie war zum Symbol der monarchischen Unterdrückung geworden. Ihr Fall am 14. Juli 1789 markierte den Beginn der Revolution und diente als machtvolles Bild für den Sturz der alten Ordnung.

In den Wochen und Monaten nach der Erstürmung der Bastille durchsuchten die Revolutionäre die Archive, in der Hoffnung, Hinweise auf die Identität des mysteriösen Gefangenen zu finden. Obwohl sie keine konkreten Beweise entdeckten, befeuerten die Geschichten und Spekulationen um die eiserne Maske die öffentliche Meinung. Die Revolutionäre nutzten diese Legende, um die historische Schuld der Bourbonen zu unterstreichen und die Dringlichkeit ihrer revolutionären Mission zu betonen.

Propaganda und die Macht der Erzählung

Die Revolution war nicht nur ein Kampf um politische
Macht, sondern auch um die Kontrolle über Narrative. Revolutionäre Pamphlete, Theaterstücke und Zeitungen griffen die
Geschichte des Mannes mit der Maske auf, um die Grausamkeit des Ancien Régime zu illustrieren. In diesen Darstellungen
wurde der maskierte Gefangene oft als Symbol für das un-
schuldige Volk dargestellt, das von der Monarchie unterdrückt
wurde.

Besonders in den revolutionären Clubs, in denen Ideen diskutiert und propagiert wurden, erlangte die Legende eine neue
Funktion. Sie wurde als rhetorisches Mittel eingesetzt, um die
Notwendigkeit von Veränderungen zu rechtfertigen. Der Mann
mit der Maske wurde zu einer metaphorischen Figur – ein jeder
Bürger konnte sich mit seinem Leid identifizieren, das die Monarchie über ihn gebracht hatte.

Der Mann mit der Maske und die Frage der Gerechtigkeit

In einer Zeit, in der die Revolutionäre das Rechtssystem radi-
kal reformierten und das Konzept der Gerechtigkeit neu defi-
nierten, wurde die Geschichte des Mannes mit der Maske auch
als juristisches Argument genutzt. Der Gedanke, dass jemand
über Jahrzehnte hinweg eingesperrt werden konnte, ohne eine
Stimme oder ein faires Verfahren zu erhalten, stellte einen
Kernpunkt der Kritik an der absoluten Monarchie dar.

Diese Erzählung führte dazu, dass der Mann mit der Maske
von vielen Revolutionären als Märtyrer betrachtet wurde. Ob-

gleich seine Identität weiterhin unklar blieb, wurde er in Schriften und Reden oft als unschuldiges Opfer dargestellt, dessen Schicksal die Grausamkeit des Ancien Régime entlarvte.

Die Legende als revolutionäres Erbe

Die Instrumentalisierung des Mannes mit der Maske während der Revolution war Teil einer größeren Tendenz, historische Ereignisse und Figuren umzudeuten und für die eigenen Ziele zu nutzen. Die Revolutionäre schufen eine neue Geschichtsschreibung, in der die Unterdrückten und Entrechteten die Hauptrollen spielten. Der Mann mit der Maske wurde zu einem Teil dieser Narration – nicht als reale historische Figur, sondern als Sinnbild für die Schreckensherrschaft, die die Revolution zu überwinden suchte.

In den Jahren nach der Revolution verblasste die politische Bedeutung der Legende, doch ihre mythologische Kraft blieb bestehen. Die Geschichten, die während der Revolution erzählt wurden, beeinflussten nachhaltig die Wahrnehmung der Figur und trugen dazu bei, dass der Mythos des Mannes mit der eisernen Maske zu einem festen Bestandteil der kollektiven Erinnerung wurde.

Die Rezeption der Geschichte des Mannes mit der eisernen Maske während der Französischen Revolution zeigt, wie mächtig Mythen im politischen Diskurs sein können. Sie dienen nicht nur dazu, Vergangenes zu erklären, sondern auch, um Gegenwart und Zukunft zu gestalten. Für die Revolutionäre war der Mann mit der Maske weit mehr als eine historische

Anekdote – er war ein Symbol für den Widerstand gegen Tyrannei und eine Erinnerung an die Notwendigkeit von Freiheit und Gerechtigkeit. In einer Epoche, die sich mit Licht und Vernunft schmückte, bewies der Mythos, dass das Dunkel der Geheimnisse und Legenden niemals vollständig vertrieben werden kann.

Mythenbildung in der Geschichtsschreibung

Mechanismen der Verknüpfung von Fiktion und Realität in der historischen Überlieferung

Geschichte ist selten eine schlichte Aneinanderreihung von Fakten. Vielmehr bewegt sie sich in einem Spannungsfeld zwischen Realität und Fiktion, zwischen dem, was war, und dem, was erzählt wird. Dieses Phänomen zeigt sich besonders eindrucksvoll am Beispiel des Mannes mit der eisernen Maske. Hier verschmelzen historische Fragmente mit erzählerischen Ausschmückungen zu einem Mythos, der bis heute fasziniert. Doch wie entsteht ein solcher Mythos? Welche Mechanismen wirken, wenn die Grenzen zwischen Fakt und Fantasie verwischen?

Die Lücken der Geschichte

Die Geschichtsschreibung ist oft von Lücken geprägt. Selbst für scheinbar gut dokumentierte Epochen fehlen häufig Informationen über bestimmte Personen oder Ereignisse. Diese Lücken werden selten einfach hingenommen – sie rufen nach Erklärungen. Wenn jedoch keine Quellen verfügbar sind, tritt die Fantasie an ihre Stelle. Im Fall des Mannes mit der eisernen Maske bedeuteten die Geheimhaltungspolitik von Louis XIV und die spärlichen Dokumente über den Gefangenen Eustache Dauger einen fruchtbaren Boden für Spekulationen.

Das, was nicht dokumentiert werden konnte oder durfte, wurde zu einem idealen Nährboden für Mythenbildung. Der Mangel an Informationen war kein Hindernis für die Geschichtsschreibung, sondern eine Einladung für Schriftsteller, Philosophen und Historiker, die Lücken mit Geschichten zu füllen, die ihrer Zeit und ihren Motiven entsprachen.

Die Macht der Erzählung

Menschen sind Geschichtenerzähler. Schon seit der Antike haben Mythen und Legenden eine entscheidende Rolle dabei gespielt, die Welt verständlich zu machen. Dabei werden historische Figuren und Ereignisse oft überhöht oder verzerrt, um moralische, politische oder religiöse Botschaften zu transportieren.

Die Geschichte des Mannes mit der Maske wurde von den Zeitgenossen des Ancien Régime aufgenommen, interpretiert und weitergegeben, wobei jede Generation ihre eigenen Deutungen und Akzente setzte. Für Voltaire etwa war der maskierte Gefangene eine Metapher für die Willkürherrschaft der Bourbonen. Alexandre Dumas nutzte die Geschichte hingegen als Ausgangspunkt für eine dramatische Erzählung über Verrat und Loyalität. Beide schufen dadurch keinen Mythos aus dem Nichts, sondern formten eine bereits existierende Legende zu einem Narrativ, das ihren eigenen Zwecken diente.

Die Rolle der Symbole

Ein zentraler Mechanismus in der Mythenbildung ist die Verwendung von Symbolen. Die ›eiserne Maske‹ ist ein solches Symbol, das weit über seine physische Realität hinausgeht. Ob die Maske aus Eisen, Samt oder einem anderen Material bestand, ist dabei letztlich irrelevant. In der kollektiven Vorstellung wurde sie zu einem Sinnbild für Unterdrückung, Isolation und die Macht der Geheimhaltung.

Symbole wie diese sind besonders kraftvoll, weil sie einfach und einprägsam sind, gleichzeitig aber eine Vielzahl von Interpretationen zulassen. Die eiserne Maske ist in ihrer Schlichtheit so universell, dass sie sich in die unterschiedlichsten politischen und kulturellen Narrative einfügen ließ.

Der Einfluss von Macht und Ideologie

Die Mechanismen der Mythenbildung sind nie neutral. Die Art und Weise, wie Geschichte erzählt wird, hängt immer auch von den Interessen und Machtstrukturen derjenigen ab, die sie erzählen. Im Fall des Mannes mit der Maske war es zunächst die absolute Monarchie, die die Wahrheit verschleierte, um die eigene Autorität zu schützen. Später waren es die Revolutionäre, die den Mythos nutzten, um die Grausamkeit des Ancien Régime anzuprangern.

Historische Überlieferung ist somit nicht nur ein Prozess der Erinnerung, sondern auch ein Werkzeug der Macht. Wer entscheidet, welche Geschichten erzählt werden und welche nicht?

Welche Teile der Wahrheit werden betont, welche ausgelassen? Im Lauf der Jahrhunderte wurde der Mythos des Mannes mit der Maske immer wieder neu interpretiert, um den Bedürfnissen und Überzeugungen der jeweiligen Zeit zu dienen.

Realität und Fiktion:

Ein fließender Übergang

Ein besonders faszinierender Aspekt der Mythenbildung ist die Tatsache, dass die Grenzen zwischen Realität und Fiktion oft verschwimmen. Historische Mythen wie die des Mannes mit der eisernen Maske basieren meist auf einem Kern von Wahrheit, der von einer Schicht aus Fiktion überlagert wird. Diese Fiktion ist jedoch nicht einfach nur Erfindung – sie spiegelt die Hoffnungen, Ängste und Überzeugungen der Gesellschaft wider, die sie geschaffen hat.

Die Wahrheit hinter der Maske mag bis heute unklar sein, doch gerade diese Ungewissheit hat ihre Kraft als Mythos bewahrt. Jede neue Interpretation, jede literarische Adaption und jede historische Analyse fügt eine weitere Schicht hinzu und macht die Legende dadurch noch vielschichtiger.

Die Geschichte des Mannes mit der eisernen Maske ist ein Paradebeispiel für die Mechanismen der Mythenbildung in der Geschichtsschreibung. Sie zeigt, wie historische Lücken mit Fiktion gefüllt werden, wie Symbole erschaffen und genutzt werden und wie Macht und Ideologie die Erzählung der Vergangenheit beeinflussen.

Die Legende ist damit nicht nur ein faszinierendes Stück Geschichte, sondern auch ein Spiegel für die Art und Weise, wie wir Geschichte verstehen und erzählen. Sie erinnert uns daran, dass die Vergangenheit nicht einfach nur da ist, um entdeckt zu werden, sondern stets auch von uns neu geschaffen wird – durch die Geschichten, die wir über sie erzählen.

Die Rolle des Publikums:
Warum wir Mythen lieben

Psychologische und gesellschaftliche Gründe für die Faszination an solchen Geschichten

Menschen lieben Geschichten. Sie sind das Medium, durch das wir die Welt verstehen, uns in ihr verorten und unsere Träume sowie Ängste ausdrücken. Doch nicht jede Geschichte besitzt die Kraft, über Jahrhunderte hinweg fortzuleben. Mythen wie die Legende des Mannes mit der eisernen Maske entfalten eine ganz besondere Anziehungskraft, die tief in unserer Psychologie und Gesellschaft verwurzelt ist. Diese Faszination ist kein Zufall, sondern das Ergebnis eines Zusammenspiels aus universellen menschlichen Bedürfnissen und kulturellen Dynamiken.

Die Suche nach Bedeutung

Das Leben ist voller Zufälle und unerklärlicher Ereignisse. Mythen bieten eine Möglichkeit, diese chaotische Realität zu strukturieren. Sie schaffen Ordnung, indem sie Lücken mit Sinn füllen. Die Geschichte des Mannes mit der eisernen Maske ist ein perfektes Beispiel: Ein Gefangener, über den wenig bekannt ist, dessen Identität von Geheimnissen umhüllt bleibt – solche Unklarheiten rufen nach Erklärungen.

Die Vorstellung, dass dieser Gefangene eine zentrale Rolle in der Geschichte spielen könnte, sei es als verschollener König oder Verräter, bietet dem Publikum eine narrative Lösung. Sie verwandelt die scheinbare Banalität eines Gefängnisinsassen in eine Geschichte voller Bedeutung. Für viele Menschen ist diese symbolische Deutung weitaus befriedigender als die nüchterne Wahrheit.

Das Bedürfnis nach Spannung

Mythen sind nicht nur bedeutungsvoll, sondern auch unterhaltsam. Sie bedienen unser Bedürfnis nach Spannung, Rätseln und unerwarteten Wendungen. Geschichten wie die des Mannes mit der eisernen Maske laden das Publikum ein, mitzudenken, zu spekulieren und eigene Hypothesen zu entwickeln.

Die Frage *Wer war er wirklich?* fordert die Fantasie heraus und weckt ein tiefes Verlangen nach Auflösung. Dieses Verlangen ist jedoch paradox: Wir wollen die Wahrheit erfahren, doch gleichzeitig verlieren Mythen ihre Magie, sobald sie vollständig erklärt sind. Der Mann mit der eisernen Maske bleibt faszinierend, gerade weil sein Geheimnis unlösbar scheint.

Projektionen und Identifikationen

Mythen sind Projektionsflächen für unsere eigenen Wünsche, Ängste und Sehnsüchte. Der maskierte Gefangene ist ein Symbol für Isolation, Unterdrückung und Ungerechtigkeit – Erfahrungen, die universell nachvollziehbar sind. Gleichzeitig weckt er Mitgefühl und Neugier, da er als Mensch hinter der Maske verborgen bleibt.

Für manche ist er ein unschuldiges Opfer, das an der Willkür einer grausamen Monarchie leidet. Für andere ist er ein Verräter, der die Konsequenzen seiner Taten trägt. Diese Ambivalenz erlaubt es, unterschiedliche Perspektiven einzunehmen und sich entweder mit ihm zu identifizieren oder sich von ihm abzugrenzen.

Mythen und Macht

Geschichten wie die des Mannes mit der eisernen Maske sind nicht nur individuelle, sondern auch gesellschaftliche Phänomene. Sie spiegeln Machtverhältnisse, Ideologien und kollektive Erfahrungen wider. Während des Ancien Régime symbolisierte der maskierte Gefangene die Unnahbarkeit und Allmacht der Monarchie. In der Aufklärung wurde er zu einem Instrument der Kritik an Tyrannei und Unterdrückung.

Die gesellschaftliche Funktion von Mythen besteht darin, Werte und Normen zu vermitteln, aber auch Konflikte sichtbar zu machen. Sie sind ein Forum, in dem soziale Spannungen verhandelt werden können. Das Publikum liebt solche Geschichten, weil sie es ermöglichen, sich mit großen Fragen auseinanderzusetzen, ohne direkt Stellung beziehen zu müssen.

Die Magie des Unbekannten

Ein weiterer Grund für die anhaltende Faszination liegt in der Natur des Unbekannten. Geheimnisse haben eine beinahe magnetische Wirkung. Sie ziehen uns an, weil sie etwas verbergen, das wir uns selbst ausmalen können. Der Mann mit der eisernen Maske ist in diesem Sinne kein Charakter, sondern eine Leerstelle, die das Publikum mit eigenen Vorstellungen füllt.

Diese Offenheit macht den Mythos zeitlos. Jede Epoche kann ihre eigenen Bedeutungen und Interpretationen hinzufügen, ohne den Kern der Geschichte zu verändern. Für das Publikum entsteht so das Gefühl, Teil eines größeren kulturellen Dialogs zu sein.

Geschichten als kollektive Identität

Schließlich erfüllen Mythen auch eine identitätsstiftende Funktion. Sie geben Gemeinschaften ein Gefühl von Kontinuität und Zusammengehörigkeit. Die Legende des Mannes mit der eisernen Maske ist Teil eines kulturellen Gedächtnisses, das Menschen miteinander verbindet.

Im Frankreich des 18. und 19. Jahrhunderts war sie nicht nur eine unterhaltsame Erzählung, sondern auch ein Symbol für das gemeinsame Erbe. Heute ist sie ein Teil der globalen Popkultur, der immer wieder neu interpretiert wird – von Romanen über Filme bis hin zu wissenschaftlichen Debatten.

Die Faszination für Mythen wie die des Mannes mit der eisernen Maske ist tief in der menschlichen Psyche und der Dynamik von Gesellschaften verwurzelt. Sie bedienen unser Bedürfnis nach Bedeutung, Spannung und Identifikation, während sie gleichzeitig kulturelle Werte und Konflikte reflektieren.

Das Publikum liebt solche Geschichten, weil sie nicht nur unterhalten, sondern auch einen Raum schaffen, in dem wir uns selbst und unsere Welt besser verstehen können. Mythen sind mehr als bloße Erzählungen – sie sind Werkzeuge der Selbsterkenntnis, die uns helfen, das Unbekannte zu erkunden und das Bekannte zu hinterfragen.

Moderne Interpretationen und Medien

Darstellung des Mythos in Film, Theater und populärer Kultur des 20. und 21. Jahrhunderts

Die Legende des Mannes mit der eisernen Maske hat die Jahrhunderte überdauert und im 20. und 21. Jahrhundert eine bemerkenswerte Wandlung erfahren. Mit dem Aufkommen moderner Medien wie Film, Fernsehen und Theater wurde die Geschichte nicht nur neu erzählt, sondern auch mit aktuellen gesellschaftlichen Themen verknüpft. Ihre Verbreitung in der Populärkultur zeugt von einer anhaltenden Faszination, die durch die vielfältigen Möglichkeiten moderner Erzählformen immer wieder neu belebt wird.

Die Verfilmung des Mythos

Der Film hat sich als eines der einflussreichsten Medien für die Verbreitung und Interpretation der Legende erwiesen. Bereits in der Stummfilmzeit wurden die Geheimnisse um den maskierten Gefangenen mit dramatischen Bildern und spannenden Plots in Szene gesetzt. Die meisten Verfilmungen griffen dabei weniger auf die historischen Fakten zurück, sondern bedienten sich der fiktionalen Erzählungen Alexandre Dumas', die den Mythos endgültig in die Weltliteratur eingeführt hatten.

Ein Paradebeispiel ist der Hollywood-Klassiker ›The Man in the Iron Mask‹ (1939), in dem die Geschichte durch den Glanz von Stars wie Louis Hayward und Joan Bennett zum Leben erweckt wurde. Hier wird der Mythos romantisiert und dramatisiert: Intrigen am Hof, der Kampf um die Krone und die Frage der Gerechtigkeit stehen im Mittelpunkt. Solche Darstellungen betonen den Kontrast zwischen dem Leiden des maskierten Gefangenen und den luxuriösen Exzessen des Hofes, wodurch die Geschichte emotional aufgeladen wird.

Moderne Produktionen wie ›The Man in the Iron Mask‹ (1998) mit Leonardo DiCaprio greifen ähnliche Themen auf, interpretieren sie jedoch für ein zeitgenössisches Publikum neu. Die Doppelrolle DiCaprios, in der er sowohl Ludwig XIV. als auch den maskierten Gefangenen spielt, erlaubt eine tiefergehende Auseinandersetzung mit Macht, Identität und moralischer Verantwortung. Der Film verbindet Action mit psychologischer Komplexität und nutzt aufwendige Kulissen, um die opulente Welt des französischen Hofes lebendig werden zu lassen.

Der Mythos auf der Bühne

Neben dem Film hat auch das Theater die Geschichte des Mannes mit der eisernen Maske immer wieder aufgegriffen. Bühnenstücke, die sich mit dem Mythos befassen, tendieren oft dazu, die Figur als Symbol für Unterdrückung und Machtmissbrauch zu nutzen. Während historische Genauigkeit oft in den Hintergrund tritt, stehen universelle Themen wie Freiheit, Gerechtigkeit und die Suche nach Wahrheit im Vordergrund.

In Europa wurden Stücke zur eisernen Maske häufig als gesellschaftskritische Parabel inszeniert. Besonders während der politischen Umbrüche des 20. Jahrhunderts wurde der maskierte Gefangene zu einer Metapher für die menschliche Unterdrückung unter autoritären Regimen. Diese Interpretationen spiegeln die Ängste und Hoffnungen ihrer Zeit und geben dem Mythos eine neue gesellschaftliche Relevanz.

Populärkultur und die ewige Maske

Auch jenseits von Film und Theater hat der Mythos Eingang in die Populärkultur gefunden. Die Geschichte des Mannes mit der eisernen Maske wird in Comics, Romanen und sogar Videospielen neu erzählt. Dabei wird die Maske nicht nur als physisches Objekt verstanden, sondern zunehmend als Symbol für Geheimnisse, Identität und die Macht des Verborgenen interpretiert.

In der Welt der Comics etwa taucht der Mythos in verschiedenen Formen auf, häufig in Verbindung mit Superhelden- und Abenteuererzählungen. Die Maske dient dabei als Sinnbild für die Frage nach Identität: Wer verbirgt sich hinter der Maske, und warum? Diese Motive sprechen insbesondere jüngere Zielgruppen an, die in der postmodernen Medienwelt mit Geschichten von doppelten Identitäten und moralischen Dilemmata vertraut sind.

Die Rolle moderner Technologie

Mit der Verbreitung des Internets und digitaler Medien hat die Legende des Mannes mit der eisernen Maske eine neue Dynamik erhalten. Online-Foren, Blogs und Dokumentationen auf Plattformen wie YouTube tragen dazu bei, den Mythos weiterzuentwickeln. Hier wird die Geschichte nicht nur diskutiert und analysiert, sondern auch neu interpretiert – sei es in Form von Fan-Theorien, Kurzfilmen oder Podcasts.

Die digitale Ära hat die Legende demokratisiert: Jeder kann zur Erzählung beitragen, indem er neue Hypothesen aufstellt oder alte Geschichten in einem modernen Kontext neu erzählt. Diese Beteiligung des Publikums spiegelt die fortwährende Relevanz des Mythos wider und zeigt, wie sehr er auch in einer zunehmend globalisierten und technologisierten Welt Bestand hat.

Die Legende des Mannes mit der eisernen Maske hat sich in den modernen Medien von einer historischen Kuriosität zu einem universellen Symbol gewandelt. Ob in Film, Theater oder Populärkultur – die Geschichte lebt weiter, weil sie sich an die Bedürfnisse und Themen jeder neuen Generation anpasst. Dabei bleibt die Maske selbst ein faszinierendes Symbol: Sie verbirgt und enthüllt zugleich, sie steht für Macht und Ohnmacht, für Geheimnisse und deren Enthüllung.

Durch diese Flexibilität bleibt der Mythos zeitlos, und es scheint sicher, dass er auch in den kommenden Jahrhunderten neue Formen und Bedeutungen annehmen wird.

Historische Wahrheit und ihre Grenzen

Was wir mit Sicherheit über den Mann mit der Maske wissen – und was wohl immer verborgen bleiben wird

Die Legende des Mannes mit der eisernen Maske ist eines der größten Rätsel der Geschichte. Sie verbindet politische Intrigen, persönliche Tragödien und die Macht des Mythos zu einer Erzählung, die über Jahrhunderte hinweg faszinierte. Doch wie bei jeder Geschichte, die aus den Schatten der Vergangenheit heraufbeschworen wird, stehen die gesicherten Fakten in einem ständigen Spannungsverhältnis zu den Spekulationen, die sie umgeben. Was wissen wir also tatsächlich über den Mann mit der Maske – und was bleibt ein Mysterium?

Die gesicherten Fakten

Im Zentrum des Rätsels steht ein Gefangener, der 1669 unter dem Namen Eustache Dauger verhaftet und in die Obhut von Bénigne Dauvergne de Saint-Mars, dem Gouverneur mehrerer königlicher Gefängnisse, gegeben wurde. Die Aufzeichnungen belegen, dass dieser Gefangene fast 34 Jahre lang unter strengster Geheimhaltung inhaftiert war, erst in der Festung Pignerol, später in Exilles, Sainte-Marguerite und schließlich in der Bastille. Sein Tod wird auf den 19. November 1703 datiert, wo er unter dem Namen ›Marchioly‹ beigesetzt wurde.

Die Befehle zur Inhaftierung kamen direkt von Louis XIV. und seinem Minister für Kriegsangelegenheiten, François-

Michel Le Tellier, Marquis de Louvois. Die Gründe für diese außergewöhnliche Behandlung bleiben jedoch unklar, ebenso wie die Identität des Gefangenen. Die wenigen erhaltenen Dokumente deuten darauf hin, dass Eustache Dauger eine Person von gewisser Bedeutung gewesen sein muss, deren Geheimnisse eine Bedrohung für die französische Krone darstellen konnten.

Die Grenzen der historischen Wahrheit

So faszinierend diese Fakten auch sind, sie hinterlassen viele Lücken, die nie geschlossen wurden. Der Mangel an Primärquellen ist ein Hauptgrund, warum das Rätsel ungelöst bleibt. Viele Dokumente, die möglicherweise Licht ins Dunkel gebracht hätten, wurden zerstört oder gingen im Laufe der Jahrhunderte verloren. Es bleibt fraglich, ob dies Zufall war oder ob bewusste Löschungen stattgefunden haben, um ein gefährliches Geheimnis zu bewahren.

Zudem erschwert die Verschleierung durch die Zeitgenossen selbst eine klare Interpretation. Die wenigen Aufzeichnungen über Dauger enthalten oft widersprüchliche Details, die eher dazu gedacht zu sein scheinen, Verwirrung zu stiften, als Klarheit zu schaffen. Louis XIV., ein Meister der politischen Manipulation, verstand, wie wichtig Geheimhaltung als Instrument der Macht war. Der Mythos, den er möglicherweise schuf, ist auch ein Spiegel seiner Herrschaftsstrategie: Wer den König herausforderte, musste mit absoluter Kontrolle rechnen – sogar nach dem Tod.

Die Rolle des Mythos

Die Lücken in den historischen Berichten wurden schnell von Spekulationen gefüllt. Schon zu Lebzeiten Daugers kursierten Gerüchte über seine Identität. Einige vermuteten, er sei ein unrechtmäßiger Halbbruder des Königs, andere, ein hoher Staatsbeamter, der ein gefährliches Geheimnis verraten hatte. Voltaires Schilderung aus dem 18. Jahrhundert, die behauptete, der Gefangene habe eine eiserne Maske getragen, fügte der Legende eine dramatische Wendung hinzu und löste eine Welle weiterer Theorien aus.

Doch der Mythos ist nicht nur ein Produkt der Fantasie, sondern auch ein Spiegel der gesellschaftlichen und politischen Ängste seiner Zeit. Die Idee eines maskierten Gefangenen, dessen wahre Identität verborgen bleibt, verkörpert die Unsicherheiten und den Machtmissbrauch, die viele mit der absolutistischen Herrschaft Louis XIV. assoziierten.

Was bleibt verborgen?

Die Wahrheit über den Mann mit der eisernen Maske ist letztlich untrennbar mit der Natur der Geschichte selbst verbunden. Historiker können nur die Puzzlestücke zusammensetzen, die ihnen zur Verfügung stehen, aber sie müssen akzeptieren, dass einige Teile für immer fehlen werden. Diese Lücken sind keine Schwäche, sondern eine Stärke des Mythos: Sie machen ihn zu einer Leinwand, auf der jede Generation ihre eigenen Ängste, Hoffnungen und Fantasien projizieren kann.

So bleibt die Identität des Mannes mit der Maske ein Geheimnis, das gleichermaßen frustrierend und faszinierend ist. Es erinnert uns daran, dass Geschichte nicht nur aus Fakten besteht, sondern auch aus dem, was wir über sie erzählen – und über das, was wir niemals wissen werden. Die Grenzen der historischen Wahrheit sind nicht nur Barrieren, sondern auch Möglichkeiten, uns mit den Tiefen unserer eigenen Vorstellungskraft zu verbinden.

Legenden als Spiegel der Zeit

Wie sich die Erzählung des Mannes mit der Maske über die Jahrhunderte verändert hat und was das über uns aussagt

Die Geschichte des Mannes mit der eisernen Maske hat sich über die Jahrhunderte hinweg zu einem Kaleidoskop aus Spekulationen, Intrigen und kulturellen Projektionen entwickelt. Was einst eine historische Anomalie war – die Inhaftierung eines Gefangenen unter strengster Geheimhaltung – wurde mit der Zeit zu einer Erzählung, die weit über die Fakten hinauswächst. Die Transformation dieser Legende ist nicht nur ein faszinierendes literarisches Phänomen, sondern auch ein Spiegel der Gesellschaften, die sie weitergetragen und neu interpretiert haben.

Der Ursprung der Legende

Zu Lebzeiten Louis XIV. war die Geschichte von Eustache Dauger kaum mehr als eine Randnotiz, die nur Eingeweihten bekannt war. Die absolute Geheimhaltung um den Gefangenen war jedoch fruchtbarer Boden für Gerüchte. Bereits im 17. Jahrhundert entstanden erste Mutmaßungen über seine Identität, die von einem abtrünnigen Minister bis hin zu einem Bruder des Königs reichten.

Die anfänglichen Erzählungen, die noch in den höfischen Kreisen Frankreichs zirkulierten, waren stark von der politischen Kultur des Absolutismus geprägt. Der König galt als allmächtiger Herrscher, dessen Macht keinerlei Transparenz verlangte. Die Legende von einem geheimnisvollen Gefangenen, den der König verborgen hielt, war ein indirekter Ausdruck der Unantastbarkeit und des Misstrauens, das Louis XIV. umgab.

Das Zeitalter der Aufklärung

Im 18. Jahrhundert erlebte die Legende ihre erste große Transformation. Die Aufklärung mit ihrem Streben nach Wissen und Vernunft stellte die Autorität der Monarchie infrage und suchte nach neuen Wegen, Macht zu entlarven. In diesem Klima wurde der Mann mit der Maske zu einem Symbol für die Dunkelheit und Willkür des Ancien Régime.

Voltaire, einer der führenden Denker seiner Zeit, trug maßgeblich zur Mythenbildung bei. In seinem Werk Le Siècle de Louis XIV behauptete er, der geheimnisvolle Gefangene habe eine eiserne Maske getragen, die niemals abgenommen werden durfte. Zwar räumte Voltaire später ein, dass die Maske eher aus Samt bestand, doch der dramatische Effekt war bereits erzielt. Der Mann mit der Maske wurde zu einer Metapher für das Unrecht, das hinter den Mauern der absolutistischen Macht verborgen lag.

Die Romantik und die Individualisierung des Mythos

Mit dem Aufkommen der Romantik im 19. Jahrhundert erfuhr die Legende eine weitere Umdeutung. Die Epoche, die für ihre Betonung von Emotionen, Individualität und Geheimnissen bekannt war, verlieh der Erzählung eine neue Dimension. Alexandre Dumas machte den Mann mit der Maske zu einem zentralen Bestandteil seiner Vicomte de Bragelonne-Erzählung, indem er ihn als den Zwillingsbruder von Louis XIV. darstellte.

Dumas' Version des Mythos war nicht nur eine literarische Sensation, sondern auch ein Spiegel der romantischen Faszination für das Schicksal des Einzelnen. Der maskierte Gefangene wurde zu einem tragischen Helden, dessen Leiden und Identitätsverlust in direktem Kontrast zum glanzvollen Hofleben des Sonnenkönigs standen.

Die Moderne:

Eine universelle Erzählung

Im 20. und 21. Jahrhundert wandelte sich die Geschichte des Mannes mit der Maske weiter. Die Popularisierung durch Filme, Theaterstücke und Serien machte ihn zu einer universellen Erzählung, die je nach Zeitgeist neue Bedeutungen erhielt. Während er in den frühen Hollywood-Filmen oft als romantischer Rebell dargestellt wurde, sahen spätere Werke in ihm eine Symbolfigur für den Verlust von Freiheit und Identität.

In einer Zeit, in der Individualität und Transparenz zentrale Werte geworden sind, wirkt die Geschichte eines anonymen Gefangenen besonders erschreckend. Die Maske, ob aus Eisen oder Samt, wurde zu einem Symbol für die Entmenschlichung, die durch Machtstrukturen hervorgerufen werden kann. Sie erinnert daran, wie leicht das Gesicht eines Menschen – und damit seine Identität – verborgen und ausgelöscht werden kann.

Was die Legende über uns aussagt

Die ständige Transformation der Erzählung des Mannes mit der Maske offenbart mehr über die Menschen, die sie erzählen, als über die historische Wahrheit dahinter. Jede Epoche hat ihre eigenen Ängste, Hoffnungen und Werte in die Geschichte projiziert. Im Absolutismus war es die Furcht vor der Allmacht des Königs, in der Aufklärung die Kritik an der Geheimniskrämerei der Monarchie. Die Romantik sah in der Legende eine persönliche Tragödie, während die Moderne sie als universellen Appell für Freiheit und Menschenwürde deutet.

Legenden wie diese sind keine statischen Erzählungen; sie sind lebendige Konstrukte, die mit den Bedürfnissen und Vorstellungen ihrer Zeit wachsen und sich verändern. Sie zeigen uns, wie wir Geschichte interpretieren und welche Themen uns als Gesellschaft bewegen. Der Mann mit der Maske ist mehr als nur eine Figur aus der Vergangenheit – er ist ein Spiegel, in dem wir uns selbst betrachten können.

Schlussbetrachtung:

Der Mythos lebt weiter

Fazit und Bedeutung der Geschichte für die heutige Zeit, inklusive Reflexion über die Grenzen zwischen Wahrheit und Mythos

Der Mann mit der eisernen Maske ist eine Figur, die aus den Schatten der Geschichte in das Licht der universellen Mythen aufgestiegen ist. Obwohl die tatsächlichen Umstände seiner Existenz und Inhaftierung in den Archiven verborgen bleiben, hat sich sein Name in das kulturelle Gedächtnis der Menschheit eingebrannt. Es ist die Symbiose aus Geheimnis und Imagination, die diesen Mythos unsterblich macht. Doch warum bleibt eine Geschichte, die auf spärlichen historischen Grundlagen ruht, über Jahrhunderte hinweg so faszinierend?

Der ewige Reiz des Rätselhaften

Im Kern liegt der Reiz des Mannes mit der Maske in der Frage nach seiner Identität – einer Frage, die niemals endgültig beantwortet werden kann. Dieser Raum der Ungewissheit lädt dazu ein, eigene Hypothesen, Interpretationen und Fantasien zu entwickeln. Die Maske selbst, ob sie nun aus Eisen, Samt oder einer literarischen Projektion besteht, wird dabei zum Symbol des Unbekannten.

In einer Zeit, in der das Streben nach Transparenz und Wissen dominierende Werte sind, wirkt das Geheimnis um den Mann mit der Maske wie eine Provokation. Es zeigt uns, dass selbst die modernsten Methoden der Geschichtsschreibung, Archäologie oder Forensik an Grenzen stoßen können. Die Geschichte erinnert uns daran, dass es in der Vergangenheit Ecken gibt, die im Schatten bleiben – und dass diese Dunkelheit manchmal ihre eigene Faszination ausübt.

Wahrheit und Mythos:

Eine fragile Grenze

Die Geschichte des Mannes mit der eisernen Maske offenbart, wie fließend die Grenze zwischen historischer Wahrheit und mythischer Erzählung ist. Historische Quellen sind nicht immer zuverlässig, und die Interpretationen, die wir ihnen entlocken, sind oft mehr ein Spiegel unserer eigenen Zeit als der damaligen Realität.

Die Legende hat sich durch Jahrhunderte gewandelt, geprägt von den politischen und kulturellen Bedürfnissen der jeweiligen Epochen. Während Voltaire die Geschichte als Kritik an der Monarchie nutzte, verwandelte Alexandre Dumas sie in ein literarisches Drama, das die romantischen Ideale seiner Zeit widerspiegelte. In der modernen Popkultur wird der Mann mit der Maske häufig als Symbol für Unterdrückung und den Verlust der persönlichen Freiheit interpretiert.

Dieser Wandel zeigt, dass Mythen keine statischen Gebilde sind. Sie wachsen und verändern sich mit den Menschen, die sie erzählen. Dabei geben sie oft mehr über die Gegenwart preis als über die Vergangenheit.

Die Bedeutung für die heutige Zeit

In einer Welt, die von Informationsflut und Hypertransparenz geprägt ist, steht die Geschichte des Mannes mit der Maske für ein Bedürfnis nach Mysterium. Wir leben in einer Ära, in der vermeintlich jede Frage beantwortet werden kann, und doch bleiben manche Rätsel bestehen. Diese Unvollständigkeit ist nicht nur frustrierend, sondern auch inspirierend. Sie erinnert uns daran, dass nicht alles erklärbar sein muss, um von Bedeutung zu sein.

Der Mythos lebt weiter, weil er universelle Fragen berührt: Was bedeutet Identität? Wie weit darf Macht gehen? Und wie beeinflusst das Unbekannte unser Verständnis der Welt? Solange diese Fragen aktuell bleiben, wird die Geschichte des Mannes mit der eisernen Maske ihre Relevanz behalten.

Ein unsterbliches Erbe

Die Erzählung des Mannes mit der Maske ist mehr als eine historische Anekdote; sie ist ein kulturelles Artefakt, das unsere Beziehung zur Vergangenheit, zur Macht und zu unseren eigenen Vorstellungen von Wahrheit und Fiktion beleuchtet. Jeder Mythos ist letztlich ein Dialog zwischen der Geschichte und den Menschen, die ihn erzählen.

In diesem Sinne ist der Mann mit der Maske nicht nur eine Figur der Vergangenheit, sondern ein lebendiger Teil unserer kulturellen Gegenwart. Seine Maske mag das Gesicht der Wahrheit verdecken, doch sie gibt uns die Möglichkeit, unsere eigene Realität zu reflektieren. Der Mythos lebt, weil wir ihn leben lassen – und weil er uns etwas über uns selbst zu erzählen hat.

Über den Autor

Lutz Spilker wurde im Jahre 1955 in Duisburg geboren.

Bevor er zum Schreiben von Romanen und Dokumentationen fand, verließen bisher unzählige Kurzgeschichten, Kolumnen und Versdichtungen seine Feder.

In seinen Büchern befasst er sich vorrangig mit dem menschlichen Bewusstsein und der damit verbundenen Wahrnehmung. Seine Grenzen sind nicht die, welche mit der Endlichkeit des Denkens, des Handelns und des Lebens begrenzt werden, sondern jene, die der empirischen Denkform noch nicht unterliegen.

Es sind die Möglichkeiten des Machbaren, die Dinge, welche sich allein in der Vorstellung eines jeden Menschen darstellen und aufgrund der Flüchtigkeit des Geistes unbewiesen bleiben. Die Erkenntnis besitzt ihre Gültigkeit lediglich bis zur Erlangung einer neuen und die passiert zu jeder weiteren Sekunde.

Die Welt von Lutz Spilker beginnt dort, wo zu Beginn allen Seins nichts Fassbares war, als leerer Raum. Kein Vorne, kein Hinten, kein Oben und kein Unten. Kein Glaube, kein Wissen, keine Moral, keine Gesetze und keine Grenzen. Nichts.

In Lutz Spilkers Romanen passieren heimtückische Morde ebenso wie die Zauber eines Märchens. Seine Bücher sind oftmals Thriller, Krimi, Abenteuer, Science Fiction, Fantasy und selbst Love-Story in einem.

»Ich liebe die Sprache: Sie vermag zu streicheln, zu liebkosen und zu Tränen zu rühren. Doch sie kann ebenso stachelig sein, wie der Dorn einer Rose und mit nur einem Hieb zerschmettern.«

In dieser Reihe sind bisher erschienen

Die Erfindung der Langeweile
Die Erfindung des Menschen
Die Erfindung des Geldes
Die Erfindung des Teufels
Die Erfindung des Erfolgs
Die Erfindung der Sterblichkeit
Die Erfindung der Lüge
Die Erfindung der Freiheit
Die Erfindung des Todes
Die Erfindung der Welt
Die Erfindung des Inselmenschen
Die Erfindung der Zeit
Die Erfindung der Seele
Die Erfindung der Politik
Die Erfindung des Gewissens
Die Erfindung der Religion
Die Erfindung der Schuld
Die Erfindung der Gerechtigkeit
Die Erfindung des Friedens
Die Erfindung des Selbstgesprächs
Die Erfindung der Zukunft
Die Erfindung der Pornographie
Die Erfindung der Verschwendung
Die Erfindung des Erwachsenseins
Die Erfindung der Hölle
Die Erfindung der Überbevölkerung
Die Erfindung des Himmels
Die Erfindung der Monarchie
Die Erfindung der Unterhaltung
Die Erfindung der Sprache

Die Erfindung der Musik
Die Erfindung der Wiedergeburt
Die Erfindung des Zufalls
Die Erfindung der Namen
Die Erfindung des Bewusstseins
Die Erfindung des freien Willens
Die Erfindung des Wahrsagens
Die Erfindung der Körpersprache
Die Erfindung des Schlafs
Die Erfindung der Sklaverei
Die Erfindung der Angst
Die Erfindung der Vernunft
Die Erfindung des Vollmonds
Die Erfindung des Vitamin B
Die Erfindung des Make-Up
Die Erfindung des Weihnachtsfestes
Die Erfindung des Ku-Klux-Klan
Die Erfindung des Träumens
Die Erfindung der Flaschenpost
Die Erfindung der Mafia
Die Erfindung der politischen Parteien
Die Erfindung der Freimaurer
Die Erfindung der Freibeuter
Die Erfindung der Raumfahrt
Die Erfindung der Tempelritter
Die Erfindung des ADHS-Syndroms
Die Erfindung der Homöopathie
Die Erfindung der Freizeitparks
Die Erfindung des Werwolfs
Die Erfindung des Astralkörpers
Die Erfindung des Zölibats
Die Erfindung des Herkules
Die Erfindung des Vampirs
Die Erfindung der Philosophie

Die Erfindung des Bieres
Die Erfindung der Geister
Die Erfindung des Ungeheuers von Loch Ness
Die Erfindung der Prä-Astronautik
Die Erfindung des Voodoo
Die Erfindung des Stierkampfs
Die Erfindung des Sinns des Lebens
Die Erfindung des Einhorns
Die Erfindung von Atlantis
Die Erfindung des Gähnens
Die Erfindung der Bundeslade
Die Erfindung der Ehe
Die Erfindung der 10 Gebote
Die Erfindung des Robin Hood
Die Erfindung des Autoritätsgehorsams
Die Erfindung der Popkultur
Die Erfindung des Urknalls
Die Erfindung des Rauchens
Die Erfindung des Alphabets
Die Erfindung der totalen Kontrolle
Die Erfindung der Langeweile - Neuauflage
Die Erfindung der Schlacht um Troja
Die Erfindung des Sandmännchens
Die Erfindung des Mannes mit der eisernen Maske

Zeitfracht Medien GmbH
Ferdinand-Jühlke-Straße 7
99095 Erfurt, Deutschland
produktsicherheit@kolibri360.de